Dr. Oetker

Die besten Nudelsalate und Kartoffelsalate

WILHELM HEYNE VERLAG
MÜNCHEN

Wer liebt sie nicht? Der eine mag nur Kartoffelsalat, der andere nur Nudelsalat und viele meist beides. Der Hit bei jedem Familienessen und auf jeder Fete sind sie auf jeden Fall. Und sie schmecken nicht nur am Tag der Feier, sondern auch am Morgen danach. Holen Sie also Ihre größte Schüssel aus dem Schrank, zu manchen Anlässen darf es auch eine Zinkwanne sein, und fangen Sie an zu schnippeln.

Doch welchen der über 80 Kartoffel- und Nudelsalate wollen Sie für Familie oder Gäste zaubern? Verlassen Sie ruhig einmal ausgetretene Pfade und probieren Sie Salate, die Sie in dieser Form noch nicht probiert haben.

Mit einfachen Zutaten, die überall erhältlich sind, zaubern Sie Köstlichkeiten wie den geschichteten Kartoffel-Pesto-Salat, den warmen Kartoffelsalat mit Bärlauch, den Spätzle-Linsen-Salat, den scharfen Tortellinisalat oder den Gärtnerinsalat.
Hier finden Sie Salate als Beilage und als Hauptgericht, für das Büffet und zum Mitnehmen. Mit Gemüse, mit Fisch, mit Fleisch, mit Wurst, mit Eiern und mit Käse. Mit Mayonnaise, mit Vinaigrette und anderen Dressings verrührt oder geschichtet.

Alle Rezepte sind von Dr. Oetker wie immer nachgekocht und so beschrieben, dass sie Ihnen garantiert gelingen. So werden Anfänger und Könner ihre Freude an den bewährten und neuen leckeren Rezepten haben.

Abkürzungen

EL	=	Esslöffel
TL	=	Teelöffel
Msp.	=	Messerspitze
Pck.	=	Packung/Päckchen
g	=	Gramm
kg	=	Kilogramm
ml	=	Milliliter
l	=	Liter
Min.	=	Minuten
Std.	=	Stunden
evtl.	=	eventuell
geh.	=	gehäuft
gestr.	=	gestrichen
TK	=	Tiefkühlprodukt
°C	=	Grad Celsius
Ø	=	Durchmesser
E	=	Eiweiß
F	=	Fett
Kh	=	Kohlenhydrate
kJ	=	Kilojoule
kcal	=	Kilokalorien

Hinweise zu den Rezepten

Die Portionsangaben sind in den Rezepten ausgewiesen. Lesen Sie bitte vor der Zubereitung das Rezept einmal vollständig durch. Oft werden Arbeitsabläufe oder -zusammenhänge dann klarer.

Zubereitungszeiten

Die Zubereitungszeit beinhaltet nur die Zeit für die eigentliche Zubereitung, Garzeiten sind gesondert ausgewiesen. Längere Wartezeiten, z.B. Kühl-, Einweich-, Marinier- und Durchziehzeiten sind nicht mit einbezogen.

Kapitelübersicht

Klassiker

Seite 8 – 37

Fleisch und Wurst

Seite 38 – 81

Fisch und Meeresfrüchte

Seite 82 – 117

Vegetarisch

Seite 118 – 155

Ob als Beilage oder Hauptgericht, diese Salate muss
man kennen.

Kartoffelsalat mit Gemüse

8 Portionen
Zubereitungszeit: 40 Min.,
ohne Durchzieh- und
Kühlzeit

Pro Portion:
E: 12 g, F: 15 g, Kh: 46 g,
kJ: 1573, kcal: 375

- **1,5 kg fest kochende**
  Kartoffeln
- **150 ml heiße**
  Fleischbrühe
- **4 EL Weißweinessig**
- **Salz, Pfeffer**
- **500 g TK-Erbsen**
- **125 ml (⅛ l) Salzwasser**
- **2 Dosen Gemüsemais**
  (Abtropfgewicht je 285 g)
- **2 Zwiebeln, 6 mittel-**
  große Gewürzgurken
- **6 EL Salatmayonnaise**
  (50 % Fett)
- **300 g Naturjoghurt**
- **2 TL mittelscharfer Senf**
- **Salz, gemahlener**
  Pfeffer
- **etwas Gurkenflüssigkeit**

1 Kartoffeln gründlich
waschen, mit Wasser
bedeckt zum Kochen bringen,
zugedeckt in 20–25 Minuten
gar kochen. Kartoffeln abgießen, mit kaltem Wasser
abschrecken, abtropfen lassen,
pellen, in Scheiben schneiden
und in eine Schüssel geben.

2 Brühe mit Essig, Salz
und Pfeffer verrühren,
mit den Kartoffelscheiben
mischen, gut durchziehen
lassen.

3 Erbsen in kochendem
Salzwasser 3–5 Minuten
garen, in ein Sieb geben, mit
eiskaltem Wasser übergießen,
abtropfen und erkalten lassen. Mais abtropfen lassen.
Zwiebeln abziehen, würfeln.
Gurken in Scheiben schneiden. Gemüsezutaten mit den
Kartoffeln vermengen.

4 Mayonnaise mit Joghurt
und Senf verrühren, mit
Salz und Pfeffer abschmecken.
Die Salatzutaten mit der Sauce
mischen, etwa 30 Minuten
kalt stellen und durchziehen
lassen. Nochmals mit Salz,
Pfeffer und Gurkenflüssigkeit
abschmecken.

Beilage:
Wiener Würstchen.

Kartoffelsalat „Leichte Art"

6 Portionen
Zubereitungszeit: 55 Min.,
ohne Abkühlzeit

Pro Portion:
E: 9 g, F: 5 g, Kh: 34 g,
kJ: 955, kcal: 227

- **1,2 kg fest kochende Kartoffeln**
- **Salz**
- **Kümmelsamen**
- **6 Tomaten**
- **1 Zucchini**
- **2 Stangen Staudensellerie**

Für das Dressing:
- **2 Bund Schnittlauch**
- **500 g Naturjoghurt**
- **Salz**
- **frisch gemahlener Pfeffer**
- **Zucker**
- **1 EL Kürbiskernöl**

1 Kartoffeln gründlich waschen, mit Wasser bedeckt zum Kochen bringen, Salz und Kümmel hinzufügen, zugedeckt in 20–25 Minuten gar kochen. Kartoffeln abgießen, mit kaltem Wasser abschrecken, abtropfen lassen, sofort pellen und lauwarm abkühlen lassen. Kartoffeln in Scheiben schneiden und in eine große Schüssel geben.

2 Tomaten waschen, trockentupfen, vierteln, entkernen und die Stängelansätze herausschneiden. Tomatenviertel in Würfel schneiden.

3 Zucchini waschen, abtrocknen und die Enden abschneiden. Zucchini in dünne Scheiben schneiden oder hobeln. Sellerie putzen und die harten Außenfäden abziehen. Sellerie waschen, abtropfen lassen und in Scheiben schneiden. Selleriescheiben in kochendem Wasser etwa 1 Minute blanchieren, in ein Sieb geben, mit kaltem Wasser übergießen und abtropfen lassen. Tomatenwürfel, Zucchini- und Selleriescheiben zu den Kartoffelscheiben geben und untermengen.

4 Für das Dressing Schnittlauch abspülen, trockentupfen und in Röllchen schneiden. Joghurt mit Salz, Pfeffer und Zucker verrühren. Kürbiskernöl unterschlagen. Schnittlauchröllchen hinzufügen.

5 Salatzutaten mit dem Dressing mischen und nochmals abschmecken.

Kartoffel-Eier-Salat

4 Portionen
Zubereitungszeit: 40 Min.

Pro Portion:
E: 9 g, F: 5 g, Kh: 34 g,
kJ: 955, kcal: 227

- **500 g Kartoffeln**
- **3 hart gekochte Eier**
- **10 Radieschen**
- **1 kleine Salatgurke (etwa 250 g)**
- **Salz**
- **frisch gemahlener Pfeffer**
- **1 Becher (200 g) Tsatsiki**
- **2 Frühlingszwiebeln**
- **20 g frisch gehobelter Parmesan-Käse**

1 Kartoffeln gründlich waschen, mit Wasser bedeckt zum Kochen bringen, zugedeckt in 20–25 Minuten gar kochen. Kartoffeln abgießen, mit kaltem Wasser abschrecken, abtropfen lassen, sofort pellen und lauwarm abkühlen lassen.

(Fortsetzung Seite 12)

Kartoffeln in Scheiben schneiden und in eine große Schüssel geben.

2 Eier pellen und in Scheiben schneiden. Radieschen putzen, waschen und trockentupfen. Gurke waschen und trockentupfen.

Radieschen und Gurke mit Schale in dünne Scheiben schneiden.

3 Die vorbereiteten Salatzutaten getrennt auf einer großen Platte anrichten. Mit Salz und Pfeffer bestreuen. Tsatsiki in Klecksen darauf verteilen.

4 Frühlingszwiebeln putzen, waschen, abtropfen lassen und in Ringe schneiden. Zwiebelringe auf die Tsatsikikleckse legen.

5 Kartoffel-Eier-Salat vor dem Servieren mit Käse bestreuen.

Rustikaler Kartoffelsalat

6 Portionen
Zubereitungszeit: 90 Min.,
ohne Durchziehzeit

Pro Portion:
E: 5 g, F: 18 g, Kh: 25 g,
kJ: 1200, kcal: 287

- **700 g fest kochende Kartoffeln**
- **3 große Möhren (etwa 250 g)**
- **½ kleine Steckrübe (etwa 300 g)**
- **½ Knollensellerie (etwa 300 g)**
- **300 ml Gemüsebrühe**
- **1 Bund Frühlingszwiebeln (etwa 200 g)**

Für das
Majoran-Dressing:
- **1 Bund frisches Majoran**
- **1 Eigelb**
- **2 EL Weißweinessig**
- **1 EL mittelscharfer Senf**
- **100 ml Speiseöl**
- **Salz**

- **frisch gemahlener Pfeffer**

1 Kartoffeln waschen, schälen, abspülen. Möhren, Steckrübe und Sellerie putzen, schälen, waschen, abtropfen lassen. Die Salatzutaten in etwa 1 x 1 cm große Würfel schneiden. Brühe in einem großen Topf zum Kochen bringen. Kartoffel-, Möhren-, Steckrüben- und Selleriewürfel nacheinander hineingeben, wieder zum Kochen bringen und bei mittlerer Hitze etwa 35 Minuten garen (die Brühe soll von den Salatzutaten aufgesogen werden).

2 Die gegarten Gemüsewürfel in einem Sieb abtropfen lassen und in eine Schüssel geben. Frühlingszwiebeln putzen, waschen, abtropfen lassen, in Streifen schneiden und hinzufügen.

3 Für das Dressing Majoran abspülen und trockentupfen. Die Blättchen von den Stängeln zupfen. Blättchen klein schneiden.

4 Eigelb, Essig und Senf mit Handrührgerät mit Rührbesen verrühren. Speiseöl zuerst tropfenweise, dann in einem dünnen Strahl unterrühren. Majoran hinzugeben. Das Dressing mit Salz und Pfeffer abschmecken, vorsichtig mit den Salatzutaten mischen. Den Salat 1–2 Stunden kalt stellen und durchziehen lassen.

- **Tipp:**
Nur ganz frisches Eigelb verwenden, das nicht älter als 5 Tage ist. (Legedatum beachten!)

Kartoffelsalat mit Kresse (Foto)

6 Portionen
Zubereitungszeit: 40 Min.,
ohne Abkühl- und Durch-
ziehzeit

Pro Portion:
E: 6 g, F: 14 g, Kh: 21 g,
kJ: 964, kcal: 230

- **750 g fest kochende Kartoffeln**
- **1 Glas Karottensalat (Abtropfgewicht 190 g)**

Für die Sauce:
- **375 ml (⅜ l) Gemüsebrühe**
- **3 EL weißer Balsamico-Essig**
- **Salz, Pfeffer**
- **4 EL Olivenöl**

- **500 g Champignons**
- **4 EL Olivenöl**
- **2 Kästchen rote Daikonkresse**

1 Kartoffeln gründlich waschen, mit Wasser bedeckt zum Kochen bringen und zugedeckt in 20–25 Minuten gar kochen. Kartoffeln abgießen, mit kaltem Wasser abschrecken, abtropfen lassen, sofort pellen und lauwarm abkühlen lassen. Kartoffeln in Scheiben schneiden und in eine große Schüssel geben. Karottensalat in einem Sieb abtropfen lassen und mit den Kartoffelscheiben vermengen.

2 Für die Sauce Brühe mit Essig, Salz und Pfeffer verrühren. Olivenöl unterschlagen. Die Sauce zu den Kartoffelscheiben geben und vorsichtig mischen. Salat etwa 30 Minuten durchziehen lassen.

3 Champignons putzen, mit Küchenpapier abreiben, evtl. abspülen, trockentupfen und in Scheiben schneiden. Olivenöl in einer Pfanne erhitzen. Champignonscheiben in 2 Portionen hellbraun darin braten, mit Pfeffer bestreuen und abkühlen lassen. Champignonscheiben unter den Salat heben.

4 Kresse abspülen, trockentupfen und von den Stielen schneiden. Den Salat mit Salz und Pfeffer abschmecken, Kresse unterheben.

Gekochter Kartoffelsalat

4 Portionen
Zubereitungszeit: 45 Min.,
ohne Abkühl- und Durch-
ziehzeit

Pro Portion:
E: 18 g, F: 20 g, Kh: 25 g,
kJ: 1570, kcal: 374

- **40 g getrocknete Tomaten**
- **500 g fest kochende Kartoffeln**
- **400 g Fenchelknollen**
- **125 ml (⅛ l) Gemüsebrühe**
- **9 EL Weißwein**
- **1 Dose Artischockenböden (Abtropfgewicht 220 g)**
- **2–3 EL Weißweinessig**
- **Salz, Pfeffer**
- **etwas Zucker**
- **6–8 EL Olivenöl**
- **1 kleiner Kopf Lollo Rosso**
- **12 Scheiben (etwa 200 g) luftgetrockneter Schinken**

(Fortsetzung Seite 16)

1 Tomaten in Streifen schneiden. Kartoffeln waschen, schälen, abspülen und in Scheiben schneiden. Von den Fenchelknollen die Stiele dicht oberhalb der Knollen abschneiden, braune Stellen und Blätter entfernen (etwas Fenchelgrün beiseite legen) und die Wurzelenden gerade schneiden. Die Knollen waschen und in Streifen schneiden.

2 Brühe und 6 Esslöffel des Weißweins in einem Topf zum Kochen bringen. Kartoffelscheiben, Fenchel- und Tomatenstreifen hinzugeben, wieder zum Kochen bringen und zugedeckt bei schwacher Hitze etwa 10 Minuten garen, dabei ab und zu umrühren. Den Topf von der Kochstelle nehmen, Gemüse etwas abkühlen lassen.

3 Artischockenböden in einem Sieb abtropfen lassen, in Streifen schneiden und zum Gemüse geben. Essig mit restlichem Wein, Salz, Pfeffer und Zucker verrühren. Olivenöl unterschlagen. Die abgekühlten Salatzutaten mit der Sauce mischen. Den Salat etwa 10 Minuten durchziehen lassen.

4 Lollo Rosso putzen, waschen, trockenschleudern und in kleine Stücke zupfen. Schinken in breite Streifen schneiden. Salatblätter auf Tellern verteilen, den Kartoffelsalat darauf geben und mit Schinkenstreifen belegen.

5 Beiseite gelegtes Fenchelgrün abspülen, trockentupfen, klein schneiden und auf den Salat streuen.

Kartoffelsalat mit Speck und Zwiebeln

6 Portionen
Zubereitungszeit: 40 Min.,
ohne Abkühlzeit

Pro Portion:
E: 5 g, F: 9 g, Kh: 29 g,
kJ: 925, kcal: 221

- **1,2 kg große Kartoffeln**
- **Salz**
- **4 Zwiebeln oder Schalotten**
- **10 dünne Scheiben (30 g) durchwachsener Speck**
- **5 EL Speiseöl**
- **3 EL Kräuteressig**
- **frisch gemahlener Pfeffer**
- **Borretschblätter**

1 Kartoffeln gründlich waschen, mit Wasser bedeckt zum Kochen bringen, zugedeckt in 20–25 Minuten gar kochen. Kartoffeln abgießen, mit kaltem Wasser abschrecken, abtropfen und erkalten lassen. Kartoffeln der Länge nach halbieren.

2 Vier Kartoffelhälften mit Salz bestreuen. Restliche Kartoffelhälften pellen, nochmals längs halbieren und in Scheiben schneiden.

3 Zwiebeln oder Schalotten abziehen und in kleine Würfel schneiden.

Speckscheiben in Streifen schneiden. Speiseöl in einer Pfanne erhitzen, Zwiebel- oder Schalottenwürfel darin glasig dünsten, Speckstreifen darin auslassen. Essig hinzufügen. Mit Salz und Pfeffer würzen.

4 Die gesalzenen Kartoffelhälften auf einer Platte anrichten. Speck-Zwiebel-Masse mit den Kartoffelscheiben mischen und auf den Kartoffelhälften verteilen. Mit Borretschblättern garnieren.

Pikanter Kartoffelsalat (Foto)

4 Portionen
Zubereitungszeit: 40 Min.,
ohne Durchziehzeit

Pro Portion:
E: 19 g, F: 19 g, Kh: 28 g,
kJ: 1554, kcal: 371

- **750 g fest kochende Kartoffeln**
- **200 g gekochtes Rindfleisch**
- **1 Stange Porree (Lauch)**
- **1 Glas Pfifferlinge (Abtropfgewicht 150 g)**
- **3–4 Tomaten**

Für die Salatsauce:
- **1 große Zwiebel**
- **3–4 EL Kräuteressig**
- **1 TL mittelscharfer Senf**
- **Salz**
- **Pfeffer**
- **6 EL Speiseöl**

1 Kartoffeln gründlich waschen, mit Wasser bedeckt zum Kochen bringen, zugedeckt in 20–25 Minuten gar kochen. Kartoffeln abgießen, mit kaltem Wasser abschrecken, abtropfen lassen, sofort pellen und in Scheiben schneiden. Rindfleisch in Würfel schneiden.

2 Porree putzen, die Stange längs halbieren, waschen, abtropfen lassen und in schmale Streifen schneiden.

3 Pfifferlinge in einem Sieb abtropfen lassen.

Tomaten waschen, kreuzweise einschneiden und einige Sekunden in kochendes Wasser legen. Tomaten kurz in kaltem Wasser abschrecken, enthäuten, halbieren, entkernen und Stängelansätze entfernen. Tomaten in Würfel schneiden. Die vorbereiteten Salatzutaten in eine Schüssel geben und mischen.

4 Für die Sauce Zwiebel abziehen und in kleine Würfel schneiden. Essig mit Senf, Salz und Pfeffer verrühren. Zwiebelwürfel hinzugeben. Speiseöl unterschlagen. Die Sauce mit den Salatzutaten vermengen. Den Salat etwa 1 Stunde durchziehen lassen.

Marinierter Kartoffelsalat mit Meerrettichcreme

4 Portionen
Zubereitungszeit: 35 Min.,
ohne Marinierzeit

Pro Portion:
E: 8 g, F: 25 g, Kh: 29 g,
kJ: 1559, kcal: 375

Für die Marinade:
- **125 ml (⅛ l) Gemüsebrühe**
- **2 EL Essig, z.B. Estragonessig**
- **2 EL Olivenöl**
- **750 g kleine gegarte Pellkartoffeln vom Vortag**
- **50 g Walnusskerne**
- **1 Bund Rucola (Rauke)**
- **1 Bund Radieschen**

Für die Meerrettichcreme:
- **1 Becher (150 g) Crème fraîche**
- **2 TL Meerrettich (aus dem Glas)**
- **Salz**
- **Zucker**

1 Für die Marinade Brühe mit Essig verrühren. Olivenöl unterschlagen.

2 Kartoffeln pellen, in Scheiben schneiden und

(Fortsetzung Seite 20)

in eine Schüssel geben.
Die Marinade zu den
Kartoffelscheiben geben,
gut vermengen und etwa
1 Stunde durchziehen lassen.

3 Walnusskerne grob
hacken, in einer Pfanne
ohne Fett rösten und auf
einem Teller erkalten lassen.

4 Rucola putzen, waschen,
trockentupfen und etwas
klein schneiden. Radieschen
putzen, waschen, trocken-
tupfen und in Scheiben
schneiden.

5 Die marinierten Kartoffelscheiben mit Rucola
und Radieschenscheiben auf
einer Salatplatte anrichten.

6 Für die Creme Crème
fraîche mit Meerrettich
gut verrühren. Mit Salz und
Zucker abschmecken. Die
Creme in Klecksen auf dem
angerichteten Salat verteilen.
Walnusskerne darauf streuen,
sofort servieren.

Warmer Kartoffelsalat mit roten Linsen

4 Portionen
Zubereitungszeit: 45 Min.,
ohne Durchzieh- und
Kühlzeit

Pro Portion:
E: 34 g, F: 33 g, Kh: 53 g,
kJ: 2709, kcal: 647

- **700 g fest kochende
  Kartoffeln**
- **300 g rote Linsen**
- **1 Bund Thymian**
- **2 Schalotten oder
  Zwiebeln
  (etwa 100 g)**
- **100 ml Gemüsebrühe**
- **3 EL weißer Balsamico-
  Essig**
- **1 TL Kümmelsamen**
- **6 EL Olivenöl**
- **Salz, Pfeffer**
- **200 g frisch geriebener
  oder gehobelter
  Gruyère-Käse**

1 Kartoffeln waschen,
schälen, abspülen und
in Würfel schneiden. Kar-
toffelwürfel in kochendem
Salzwasser zugedeckt etwa
20 Minuten garen. Anschließend in ein Sieb geben, mit
kaltem Wasser übergießen
und abtropfen lassen.

2 Linsen in kochendem
Salzwasser etwa 10 Minu-
ten garen. Ebenfalls in ein
Sieb geben, mit kaltem
Wasser übergießen und ab-
tropfen lassen.

3 Thymian abspülen und
trockentupfen (einige
Zweige zum Garnieren bei-
seite legen). Die Blättchen
von den Stängeln zupfen.
Kartoffelwürfel und Linsen in
eine Schüssel geben. Thymian-
blättchen darauf verteilen.

4 Schalotten oder
Zwiebeln abziehen und
in kleine Würfel schneiden.
Brühe mit Essig, Schalot-
ten- oder Zwiebelwürfeln,
Kümmel und Olivenöl in
einem Topf verrühren und
erhitzen. Mit Salz und Pfeffer
würzen. Die Marinade über
die Salatzutaten gießen, einige Male durchschwenken
oder vorsichtig umrühren.
Den Salat etwa 1 Stunde
kalt stellen und durchziehen
lassen.

5 Den Salat vor dem
Servieren in einer
Mikrowelle oder im vorge-
heizten Backofen bei Ober-/
Unterhitze: etwa 160 °C
erwärmen. Salat mit Käse bestreuen und mit den beiseite
gelegten Thymianzweigen
garniert servieren.

Ostdeutscher Kartoffelsalat (Foto)

6 Portionen
Zubereitungszeit: 40 Min.,
ohne Durchziehzeit

Pro Portion:
E: 10 g, F: 14 g, Kh: 28 g,
kJ: 1206, kcal: 288

- **1,2 kg fest kochende Kartoffeln**
- **4 Zwiebeln**

Für die Salatsauce:
- **4 EL Kräuteressig**
- **Salz**
- **frisch gemahlener Pfeffer**
- **Zucker**
- **5 EL Speiseöl**
- **1–2 EL Schnittlauchröllchen**
- **200 g durchwachsener Speck**
- **2 EL Speiseöl**

1 Kartoffeln gründlich waschen, mit Wasser bedeckt zum Kochen bringen, zugedeckt in 20–25 Minuten gar kochen. Kartoffeln abgießen, mit kaltem Wasser abschrecken, abtropfen lassen, sofort pellen und lauwarm abkühlen lassen. Kartoffeln in Scheiben schneiden und in eine große Schüssel geben.

2 Zwiebeln abziehen, in kleine Würfel schneiden und zu den Kartoffelscheiben geben.

3 Für die Sauce Essig mit Salz, Pfeffer und Zucker verrühren. Speiseöl unterschlagen. Die Sauce abschmecken, über die Kartoffelscheiben geben, vorsichtig mischen und gut durchziehen lassen. Schnittlauchröllchen unterrühren.

4 Speck in Würfel schneiden. Speiseöl in einer Pfanne erhitzen. Speckwürfel darin ausbraten, abkühlen lassen und auf dem Salat verteilen.

Warmer Kartoffel-Kräuter-Salat

4 Portionen
Zubereitungszeit: 40 Min.

Pro Portion:
E: 5 g, F: 25 g, Kh: 32 g,
kJ: 1600, kcal: 382

- **800 g fest kochende Kartoffeln**
- **1 Gemüsezwiebel**
- **100 ml Sonnenblumenkernöl**
- **300 ml Gemüsebrühe**
- **100 ml weißer Balsamico-Essig**
- **Salz**
- **frisch gemahlener Pfeffer**
- **1 durchgedrückte Knoblauchzehe**
- **1 Bund Schnittlauch**
- **1 Bund Petersilie**

(Fortsetzung Seite 24)

1 Kartoffeln gründlich waschen, mit Wasser bedeckt zum Kochen bringen und zugedeckt in 20–25 Minuten gar kochen. Kartoffeln abgießen, mit kaltem Wasser abschrecken, abtropfen lassen, sofort pellen und in Scheiben schneiden.

2 Zwiebel abziehen und in kleine Würfel schneiden. Etwas Sonnenblumenkernöl in einem Topf erhitzen. Zwiebelwürfel darin andünsten. Brühe, Essig und restliches Sonnenblumenkernöl hinzugießen. Mit Salz, Pfeffer und Knoblauch würzen. Die Zutaten zum Kochen bringen. Den Topf von der Kochstelle nehmen.

3 Schnittlauch und Petersilie abspülen, trockentupfen. Schnittlauch in Röllchen schneiden. Von der Petersilie die Blättchen von den Stängeln zupfen. Blättchen klein schneiden.

4 Kartoffelscheiben, Schnittlauchröllchen und Petersilie in den Fond geben, vorsichtig vermengen und bei schwacher Hitze erwärmen. Den Kartoffelsalat nochmals mit Salz und Pfeffer abschmecken.

Sechser Salat

8 Portionen
Zubereitungszeit: 30 Min.,
ohne Durchziehzeit

Pro Portion:
E: 13 g, F: 25 g, Kh: 23 g,
kJ: 1569, kcal: 375

- **6 gegarte Pellkartoffeln (600 g)**
- **6 kleine Äpfel (780 g)**
- **6 hart gekochte Eier**
- **6 Gewürzgurken (150 g)**
- **6 Zwiebeln (300 g)**
- **6 Scheiben Fleischwurst (300 g)**

Für die Sauce:
- **150 g Salatmayonnaise (50% Fett)**
- **1 Becher (150 g) Naturjoghurt**
- **1 gestr. EL mittelscharfer Senf**
- **Salz**
- **frisch gemahlener Pfeffer**
- **1 Prise Zucker**

1 Kartoffeln pellen und in Scheiben schneiden. Äpfel schälen, vierteln, entkernen und in Stücke schneiden. Eier pellen und in Scheiben schneiden. Gurken abtropfen lassen und ebenfalls in Scheiben schneiden.

2 Zwiebeln abziehen, halbieren und in Streifen schneiden. Zwiebelstreifen in kochendem Salzwasser etwa 3 Minuten blanchieren, anschließend in ein Sieb geben, mit kaltem Wasser übergießen und abtropfen lassen. Fleischwurst in Streifen schneiden.

3 Die vorbereiteten Salatzutaten in eine große Schüssel geben und mischen.

4 Für die Sauce Mayonnaise mit Joghurt und Senf verrühren, mit Salz, Pfeffer und Zucker abschmecken. Die Sauce zu den Salatzutaten geben und untermengen. Den Salat gut durchziehen lassen.

Kartoffelsalat mit Mayonnaise

4 Portionen
Zubereitungszeit: 35 Min.,
ohne Abkühl- und Durch-
ziehzeit

Pro Portion:
E: 10 g, F: 17 g, Kh: 30 g,
kJ: 1312, kcal: 313

- 800 g fest kochende Kartoffeln
- 2 Zwiebeln
- 250 ml (¼ l) Gemüsebrühe
- 3 hart gekochte Eier
- 100 g Gewürzgurken (aus dem Glas)

Für die Salatsauce:
- 3 EL Salatmayonnaise
- 3 EL Gurkenflüssigkeit
- Salz, Pfeffer

1 Kartoffeln gründlich waschen, mit Wasser bedeckt zum Kochen bringen, zugedeckt in 20–25 Minuten gar kochen. Kartoffeln abgießen, mit kaltem Wasser abschrecken, abtropfen lassen, sofort pellen und etwas abkühlen lassen. Kartoffeln in Scheiben schneiden und in eine große Schüssel geben.

2 Zwiebeln abziehen und in kleine Würfel schneiden. Gemüsebrühe in einem Topf zum Kochen bringen, Zwiebelwürfel hinzugeben und etwa 1 Minute kochen lassen. Die heiße Zwiebelbrühe über die noch warmen Kartoffelscheiben geben und durchziehen lassen.

3 Eier pellen und in Würfel schneiden. Gurken abtropfen lassen, in Würfel oder Scheiben schneiden. Ei-, Gurkenwürfel oder -scheiben zu den marinierten Kartoffelscheiben geben.

4 Für die Sauce Mayonnaise mit Gurkenflüssigkeit glatt rühren, mit Salz und Pfeffer abschmecken. Die Sauce mit den Salatzutaten vermengen. Den Salat nochmals etwas durchziehen lassen.

- **Tipp:**
250 g Fleischwurst enthäuten, in kleine Würfel schneiden, mit 1 geschälten, gewürfelten Apfel unter den Salat heben.

Speck-Kartoffelsalat

4 Portionen
Zubereitungszeit: 45 Min.,
ohne Abkühl- und Durch-
ziehzeit

Pro Portion:
E: 14 g, F: 10 g, Kh: 31 g,
kJ: 1152, kcal: 275

- 800 g kleine fest kochende Kartoffeln
- 250 ml (¼ l) heiße Gemüsebrühe
- 2 EL Weißweinessig
- 2 TL Rotisseur-Senf
- Salz
- frisch gemahlener Pfeffer
- 4 Stangen Staudensellerie
- 200 g Bacon (Frühstücksspeck)
- 2 EL Speiseöl
- 4 rote Zwiebeln

1 Kartoffeln gründlich waschen, mit Wasser bedeckt zum Kochen bringen, zugedeckt in 20–25-Minuten gar kochen. Kartoffeln abgießen, mit kaltem Wasser abschrecken, abtropfen lassen, sofort pellen und etwas abkühlen lassen (größere Kartoffeln halbieren). Kartoffeln in eine große Schüssel geben.

(Fortsetzung Seite 28)

2 Brühe in einem Topf zum Kochen bringen, Essig und Senf unterrühren, mit Salz und Pfeffer würzen. Die Kartoffeln mit der heißen Brühe übergießen.

3 Sellerie putzen und die harten Außenfäden abziehen (Grün beiseite legen). Sellerie waschen, abtropfen lassen, in Scheiben schneiden, zu den Kartoffeln geben.

4 Bacon in Streifen schneiden. Speiseöl in einer Pfanne erhitzen, Speckstreifen hinzugeben und kross ausbraten. Zwiebeln abziehen, in Scheiben schneiden, zu den Speckstreifen geben und kurz mit andünsten. Speck-Zwiebel-Masse zu den Kartoffeln geben und unterheben. Den Salat einige Stunden durchziehen lassen.

5 Beiseite gelegtes Sellerie-grün waschen und trockentupfen. Den Salat nochmals mit Salz und Pfeffer abschmecken, mit Selleriegrün garniert servieren.

Schneller Kartoffelsalat

**4 Portionen
Zubereitungszeit: 40 Min.,
ohne Durchziehzeit**

**Pro Portion:
E: 15 g, F: 42 g, Kh: 21 g,
kJ: 2227, kcal: 532**

- **500 g fest kochende Kartoffeln**
- **3–4 Gewürzgurken**
- **400 g fertiger Fleischsalat (aus dem Kühlregal)**
- **etwas Gurkenflüssigkeit**
- **Salz**
- **frisch gemahlener Pfeffer**
- **etwas Zucker**
- **4 hart gekochte Eier**

1 Kartoffeln gründlich waschen, mit Wasser bedeckt zum Kochen bringen, zugedeckt in 20–25 Minuten gar kochen. Kartoffeln abgießen, mit kaltem Wasser abschrecken, abtropfen lassen, sofort pellen und lauwarm abkühlen lassen. Kartoffeln in Würfel schneiden und in eine große Schüssel geben.

2 Gurken abtropfen lassen, in kleine Scheiben oder Würfel schneiden und zu den Kartoffelwürfeln geben. Fleischsalat mit etwas Gurkenflüssigkeit verrühren und untermischen. Den Salat mit Salz, Pfeffer und Zucker abschmecken.

3 Eier pellen und in Achtel schneiden (einige Achtel beiseite legen) und vorsichtig unter den Salat heben. Den Salat etwas durchziehen lassen und mit den beiseite gelegten Eierachteln garniert servieren.

- **Beilage:**
Rostbratwurst.

Nudel-Fleischwurst-Salat

4 Portionen
Zubereitungszeit: 35 Min.,
ohne Durchzieh- und
Kühlzeit

Pro Portion:
E: 16 g, F: 40 g, Kh: 34 g,
kJ: 2377, kcal: 567

- **2 l Wasser**
- **2 gestr. TL Salz**
- **125 g kleine Hörnchennudeln**

- **400 g Fleischwurst**
- **1 große Zwiebel**
- **½ Stange Porree (Lauch)**
- **2 große säuerliche Äpfel**
- **2 Fleischtomaten**

Für die Salatsauce:
- **3–4 EL Weißweinessig**
- **Salz**
- **frisch gemahlener Pfeffer**
- **1 TL geriebener Meerrettich aus dem Glas**
- **6 EL Speiseöl**
- **2 EL fein geschnittene Schnittlauchröllchen**

- **einige vorbereitete Salatblätter**
- **Tomatenachtel**
- **etwas vorbereitete Petersilie**

1 Wasser in einem großen Topf mit geschlossenem Deckel zum Kochen bringen. Dann Salz und Nudeln zugeben. Die Nudeln im geöffneten Topf bei mittlerer Hitze nach Packungsanleitung kochen lassen, dabei 4–5-mal umrühren.

2 Anschließend die Nudeln in ein Sieb geben, mit heißem Wasser abspülen und abtropfen lassen.

3 Von der Fleischwurst die Haut abziehen. Fleischwurst zuerst in Scheiben, dann in Streifen schneiden. Zwiebel abziehen und in Scheiben schneiden. Äpfel waschen, trockentupfen, nach Belieben schälen, vierteln, entkernen und in kleine Stücke schneiden. Tomaten waschen, trockentupfen, vierteln, entkernen und die Stängelansätze herausschneiden. Tomaten in Würfel schneiden. Die vorbereiteten Salatzutaten in einer Schüssel mischen.

4 Für die Sauce Essig mit Salz, Pfeffer und Meerrettich verrühren.

Speiseöl unterschlagen. Die Sauce mit den Salatzutaten vermengen. Schnittlauchröllchen unterrühren. Den Salat kalt stellen und eine Zeit lang durchziehen lassen. Nochmals mit den Gewürzen abschmecken.

5 Den Salat auf einer großen, mit Salatblättern ausgelegten Platte anrichten. Mit Tomatenachteln und Petersilie garnieren.

- **Tipp:**
Sie können den Salat statt mit der Salatsauce auch mit einer Joghurtmayonnaise, 3–4 hart gekochten Eiern und 3–4 Radieschen zubereiten. Dafür 2 Esslöffel Salatmayonnaise mit 1 Becher (150 g) Naturjoghurt und 1 Teelöffel mittelscharfen Senf verrühren. Mit Salz, Pfeffer und Zucker abschmecken. Eier pellen und zusammen mit den Radieschen in Würfel schneiden und mit der Joghurtmayonnaise unter den Salat heben.

Mozzarella-Nudel-Salat

4–6 Portionen
Zubereitungszeit: 40 Min.,
ohne Abkühl- und Durch-
ziehzeit

Pro Portion:
E: 22 g, F: 47 g, Kh: 41 g,
kJ: 2805, kcal: 670

- 2½ l Wasser
- 2½ gestr. TL Salz
- 250 g dreifarbige
  Farfalle-Nudeln
  (Schmetterlingsnudeln)

- 250 g Mozzarella-Käse
- 250 g Cocktailtomaten
- 200 g (möglichst kleine)
  Champignons
- 2 Bund Rucola (Rauke)
- 60 g Pinienkerne

  Für die Salatsauce:
- 5 EL Weißweinessig
- 2 EL Basilikumessig
  (oder Kräuteressig)
- 1 gestr. TL Salz
- 2 gestr. TL Zucker
- knapp 1 gestr. TL
  geschroteter Pfeffer
- 150 ml Olivenöl
- 5 EL Wasser
- 1 Pck. (25 g)
  TK-Basilikum
  (oder 1 Topf frisches
  Basilikum)

1 Wasser in einem großen Topf mit geschlossenem Deckel zum Kochen bringen. Dann Salz und Nudeln zugeben. Die Nudeln im geöffneten Topf bei mittlerer Hitze nach Packungsanleitung kochen lassen, dabei 4–5-mal umrühren.

2 Anschließend die Nudeln in ein Sieb geben, mit heißem Wasser abspülen und abtropfen lassen.

3 Mozzarella in einem Sieb abtropfen lassen und in Würfel schneiden. Tomaten waschen, trockentupfen und die Stängelansätze herausschneiden. Tomaten nach Belieben halbieren.

4 Champignons putzen, mit Küchenpapier abreiben, evtl. abspülen und trockentupfen. Evtl. größere Champignons halbieren oder vierteln. Rucola verlesen, putzen, waschen, trockentupfen und grob zerkleinern. Pinienkerne in einer Pfanne ohne Fett anrösten, herausnehmen und auf einem Teller erkalten lassen.

5 Für die Sauce beide Essigsorten mit Salz, Zucker und Pfeffer gut verrühren. Olivenöl unterschlagen, Wasser unterrühren. Basilikum hinzufügen (frisches Basilikum abspülen, trockentupfen, die Blättchen von den Stängeln zupfen. Blättchen in Streifen schneiden).

6 Nudeln in eine Schüssel geben, mit der Salatsauce mischen und 1–2 Stunden durchziehen lassen.

7 Mozzarellawürfel, Cocktailtomaten, Champignons und Rauke unterheben. Den Salat in einer großen Schüssel anrichten und mit Pinienkernen bestreut servieren.

■ **Tipp:**
Mozzarella können Sie auch in Form von kleinen Kugeln kaufen. Dann Mozzarella-Kugeln unter den Salat heben.

Schleifchensalat mit Putenfleisch

4 Portionen
Zubereitungszeit: 30 Min.,
ohne Marinier- und
Abkühlzeit

Pro Portion:
E: 33 g, F: 20 g, Kh: 60 g,
kJ: 2370, kcal: 566

- **300 g Putenbrustfilet**
- **2–3 EL Sojasauce**

- **2½ l Wasser**
- **2½ gestr. TL Salz**
- **250 g Schleifennudeln**

- **2 EL Speiseöl**
- **Salz**
- **frisch gemahlener Pfeffer**
- **4 Tomaten**
- **200–300 g TK-Erbsen**

Für die Sauce:
- **50 g Salatmayonnaise (50 % Fett)**
- **1 Becher (150 g) Vollmilchjoghurt**
- **4 EL Schlagsahne**
- **3 EL Tomatenketchup**
- **2 EL Cream Sherry oder Portwein**
- **Salz**
- **frisch gemahlener Pfeffer**
- **Zucker**

1 Putenbrustfilet unter fließendem kalten Wasser abspülen, trockentupfen und in Streifen schneiden. Fleischstreifen in eine flache Schale legen, mit Sojasauce mischen und etwa 1 Stunde marinieren.

2 Wasser in einem großen Topf mit geschlossenem Deckel zum Kochen bringen. Dann Salz und Nudeln zugeben. Die Nudeln im geöffneten Topf bei mittlerer Hitze nach Packungsanleitung kochen lassen, dabei 4–5-mal umrühren.

3 Anschließend die Nudeln in ein Sieb geben, mit heißem Wasser abspülen und abtropfen lassen.

4 Speiseöl in einer Pfanne erhitzen, Fleischstreifen aus der Marinade nehmen, trockentupfen und in dem erhitzten Speiseöl von allen Seiten anbraten, mit Salz und Pfeffer bestreuen.

5 Tomaten waschen, kreuzweise einschneiden und einige Sekunden in kochendes Wasser legen. Tomaten kurz in kaltem Wasser abschrecken, enthäuten, halbieren, entkernen und Stängelansätze entfernen. Tomaten in Streifen schneiden. Erbsen in kochendem Salzwasser etwa 3 Minuten kochen, in ein Sieb geben, mit kaltem Wasser übergießen und erkalten lassen. Die vorbereiteten Salatzutaten mit den Nudeln vermengen.

6 Für die Sauce Mayonnaise mit Joghurt, Sahne, Ketchup, Cream Sherry oder Portwein verrühren. Die Sauce mit Salz, Pfeffer und Zucker würzen. Die Sauce vorsichtig unter den Salat heben.

Bohnen-Nudelsalat

8 Portionen
Zubereitungszeit: 60 Min.,
ohne Durchziehzeit

Pro Portion:
E: 11 g, F: 16 g, Kh: 48 g,
kJ: 1643, kcal: 392

- 3 l Wasser
- 3 gestr. TL Salz
- 500 g bunte Farfalle-
  Nudeln (Schmetterlings-
  nudeln)

- 300 g dünne grüne
  Bohnen
- 3 Fleischtomaten
  (etwa 450 g)
- 3 rote Zwiebeln
  (etwa 100 g)
- 1 Bund Kerbel
- 1 Bund Schnittlauch
- 1 Glas schwarze Oliven
  ohne Stein
  (Abtropfgewicht 170 g)
- 1 Glas Sardellenfilets
  (40 g)

Für die Marinade:
- 4 cl Sherry
- 1 EL mittelscharfer Senf
- Salz
- frisch gemahlener
  Pfeffer
- 6 EL Olivenöl

1 Wasser in einem großen Topf mit geschlossenem Deckel zum Kochen bringen. Dann Salz und Nudeln zugeben. Die Nudeln im geöffneten Topf bei mittlerer Hitze nach Packungsanleitung kochen lassen, dabei 4–5-mal umrühren.

2 Anschließend die Nudeln in ein Sieb geben, mit heißem Wasser abspülen und abtropfen lassen.

3 Von den Bohnen die Enden abschneiden, Bohnen evtl. abfädeln und in mundgerechte Stücke schneiden oder brechen. Bohnen waschen und in kochendem Wasser 6–8 Minuten blanchieren. Bohnen in ein Sieb geben, mit eiskaltem Wasser übergießen und abtropfen lassen.

4 Tomaten waschen, trockentupfen, vierteln, entkernen und die Stängelansätze herausschneiden. Tomaten in größere Würfel schneiden. Zwiebeln abziehen, zuerst in Scheiben schneiden, dann in Ringe teilen. Kerbel und Schnittlauch abspülen und trockentupfen. Die Blättchen des Kerbels von den Stängeln zupfen (einige Blättchen zum Garnieren beiseite legen). Blättchen klein schneiden. Schnittlauch in kleine Röllchen schneiden.

5 Oliven in einem Sieb abtropfen lassen und in Scheiben schneiden. Sardellenfilets in Würfel schneiden.

6 Nudeln, Bohnen, Tomaten-, Sardellenfiletwürfel, Zwiebelringe, Schnittlauchröllchen und Kerbel in einer Schüssel mischen.

7 Für die Marinade Sherry mit Senf, Salz und Pfeffer verrühren, Olivenöl unterschlagen. Die Marinade zu den Salatzutaten geben und untermischen. Den Salat etwa 2 Stunden durchziehen lassen, dabei gelegentlich umrühren.

8 Den Salat in einer Schüssel anrichten und mit den beiseite gelegten Kerbelblättchen garniert servieren.

- **Beilage:**
Hauchdünne, in Knoblauchöl gebratene Baguettescheiben.

Fleisch & Wurst

Ob mit Fleisch oder Wurst, hier werden Sie auf jeden Fall satt.

Kartoffel-Spitzkohl-Salat mit Kasseler

6 Portionen
Zubereitungszeit: 50 Min.,
ohne Abkühlzeit

Pro Portion:
E: 18 g, F: 13 g, Kh: 27 g,
kJ: 1371, kcal: 328

- **1 kg fest kochende kleine Kartoffeln**
- **2 TL ganzer Kümmelsamen**
- **1 mittelgroßer Spitzkohl (etwa 600 g)**
- **500 ml (½ l) Gemüsebrühe**
- **350 g Kasseler-Aufschnitt**

  Für die Sauce:
- **150 ml Gemüsebrühe**
- **1 Becher (150 g) Crème fraîche**
- **1 geh. EL Salatmayonnaise**
- **2 EL körniger Senf**
- **etwas Currypulver**
- **Salz**
- **frisch gemahlener Pfeffer**
- **etwas Zucker**
- **2 TL ganzer Kümmelsamen**

1 Kartoffeln gründlich waschen, mit Wasser bedeckt zum Kochen bringen, Kümmelsamen hinzugeben, zugedeckt in 20–25 Minuten gar kochen. Kartoffeln abgießen, mit kaltem Wasser abschrecken, abtropfen lassen, sofort pellen und lauwarm abkühlen lassen. Kartoffeln in Scheiben schneiden und beiseite stellen.

2 Spitzkohl putzen, vierteln und den Strunk entfernen. Spitzkohl in feine Streifen schneiden, waschen und abtropfen lassen. Brühe in einem Topf zum Kochen bringen. Kohlstreifen hinzufügen, zum Kochen bringen und 2–5 Minuten kochen lassen. Kohlstreifen in einem Sieb abtropfen und erkalten lassen. Kasseler-Aufschnitt in Streifen schneiden.

3 Für die Sauce Brühe mit Crème fraîche, Mayonnaise und Senf verrühren. Mit Curry, Salz, Pfeffer und Zucker abschmecken. Kümmelsamen unterrühren.

(Fortsetzung Seite 40)

4 Abwechselnd Kartoffelscheiben, Spitzkohl-, Kasselerstreifen und Sauce in eine hohe Glasschale schichten, dabei Kartoffelscheiben jeweils mit etwas Salz bestreuen.

Salat mit Backkartoffeln, Lammfilets und Tsatsiki

6 Portionen
Zubereitungszeit: 55 Min.,
ohne Abtropf- und
Marinierzeit

Pro Portion:
E: 28 g, F: 19 g, Kh: 32 g,
kJ: 1736, kcal: 414

Für das Tsatsiki:
- ■ **1 großer Becher (500 g) Naturjoghurt**

- ■ **2 Lamm-Lachsfilets (je etwa 300 g)**
- ■ **2 Knoblauchzehen**
- ■ **1 rote Peperoni**
- ■ **4 EL Olivenöl**
- ■ **etwas gerebelter Thymian**

- ■ **1 kg kleine neue Kartoffeln**

- ■ **1 EL Olivenöl**
- ■ **Salz, Pfeffer**
- ■ **½ Salatgurke**
- ■ **4 Knoblauchzehen**

- ■ **1 Bund Frühlingszwiebeln**
- ■ **4 EL Olivenöl**

1 Für das Tsatsiki Joghurt in ein mit Küchenpapier ausgelegtes Sieb geben und gut abtropfen lassen.

2 Lammfilets unter fließendem kalten Wasser abspülen und trockentupfen. Filets in große Würfel schneiden und in eine flache Schale legen. Knoblauch abziehen und in kleine Würfel schneiden. Peperoni abspülen, trockentupfen und ebenfalls würfeln. Olivenöl mit Knoblauch-, Peperoniwürfeln und Thymian verrühren. Die Marinade zu den Lammfiletwürfeln geben, mischen und etwa 1 Stunde marinieren.

3 Kartoffeln gründlich waschen, mit Wasser bedeckt zum Kochen bringen, zugedeckt in 20–25 Minuten gar kochen. Kartoffeln abgießen, mit kaltem Wasser abschrecken, abtropfen lassen und warm stellen.

4 Den gut abgetropften Joghurt in eine Schüssel geben, Olivenöl unterrühren. Mit Salz und Pfeffer würzen.

Gurke schälen, halbieren, entkernen und auf einer Haushaltsreibe grob raspeln. Knoblauch abziehen und in kleine Würfel schneiden. Gurkenraspel und Knoblauchwürfel unter den Joghurt rühren. Tsatsiki beiseite stellen.

5 Frühlingszwiebeln putzen, waschen, abtropfen lassen und in Ringe schneiden. Olivenöl in einer großen Pfanne erhitzen. Kartoffeln halbieren und unter mehrmaligem Wenden darin anbraten. Zwiebelringe unterrühren. Mit Salz und Pfeffer bestreuen. Kartoffeln mit den Zwiebelringen aus der Pfanne nehmen und auf einer großen Platte anrichten.

6 Lammfiletwürfel aus der Marinade nehmen, in die Pfanne geben, von allen Seiten anbraten und etwa 5 Minuten ruhen lassen.

7 Lammfiletwürfel auf den Kartoffeln verteilen. Beiseite gestelltes Tsatsiki in Klecksen darauf geben und sofort servieren.

Kartoffel-Kürbis-Salat

8 Portionen
Zubereitungszeit: 30 Min.,
ohne Abkühl- und Durch-
ziehzeit

Pro Portion:
E: 12 g, F: 19 g, Kh: 35 g,
kJ: 1512, kcal: 361

- **4 Zwiebeln**
- **1,5 kg fest kochende Kartoffeln**
- **400 ml Gemüsebrühe**
- **450 g TK-Erbsen**
- **2 Gläser eingelegter Kürbis (Abtropfgewicht je 200 g)**
- **1 Bund Dill**
- **250 g Salatmayonnaise (50% Fett)**
- **80 g körniger Senf**
- **6 EL Kürbisflüssigkeit**
- **Salz**
- **frisch gemahlener Pfeffer**
- **150 g geräucherter durchwachsener Speck**

1 Zwiebeln abziehen, halbieren und in Streifen schneiden. Kartoffeln waschen, schälen, abspülen und in Scheiben schneiden. Gemüsebrühe zum Kochen bringen. Kartoffelscheiben und Zwiebelstreifen hineingeben, zum Kochen bringen und zugedeckt bei schwacher Hitze 10–15 Minuten garen. Die Erbsen unaufgetaut hinzufügen. Den Topf von der Kochstelle nehmen. Die Zutaten in der Brühe etwas abkühlen lassen.

2 Kürbis in einem Sieb abtropfen lassen, die Flüssigkeit dabei auffangen und 6 Esslöffel davon abmessen. Dill abspülen und trockentupfen. Die Spitzen von den Stängeln zupfen (einige Zweige zum Garnieren beiseite legen). Spitzen klein schneiden.

3 Mayonnaise mit Senf und der abgemessenen Kürbisflüssigkeit verrühren, Dill unterrühren. Mit Salz und Pfeffer würzen.

4 Kartoffelscheiben mit Zwiebelstreifen und Erbsen in ein Sieb geben, abtropfen lassen und in eine Schüssel geben. Kürbisstücke und die Dill-Mayonnaise untermengen. Den Salat etwa 30 Minuten durchziehen lassen.

5 Speck in Würfel schneiden, in einer beschichteten Pfanne knusprig braten und auf Küchenpapier abtropfen lassen. Den Salat mit Salz, Pfeffer und evtl. Kürbisflüssigkeit abschmecken, mit den Speckwürfeln bestreuen, mit den beiseite gelegten Dillzweigen garnieren und servieren.

- **Tipp:**

Sie können den Salat bereits einige Stunden vor dem Verzehr zubereiten (ohne Speckwürfel und Dillzweigen) und in einer geschlossenen Schüssel kalt stellen. Den Salat dann vor dem Verzehr nochmals gut umrühren, evtl. abschmecken. Salat mit Speckwürfeln bestreuen und mit Dillzweigen garnieren.

Warmer Kartoffelsalat mit Bärlauch

4 Portionen
Zubereitungszeit: 45 Min.,
ohne Abkühl- und Durch-
ziehzeit

Pro Portion:
E: 27 g, F: 16 g, Kh: 24 g,
kJ: 1485, kcal: 355

- **700 g kleine fest kochende Kartoffeln**
- **1 Bund Bärlauch und einen Bärlauchstängel mit Blütenansätzen**
- **2 Schalotten oder Zwiebeln**
- **200 ml Gemüsebrühe**
- **2 EL Weißweinessig**
- **4 EL Olivenöl**
- **Salz**
- **frisch gemahlener Pfeffer**

- **400 g Hähnchenbrustfilet**
- **2 EL Olivenöl zum Braten**
- **2 EL Schmand (Sauerrahm)**

1 Kartoffeln gründlich waschen, mit Wasser bedeckt zum Kochen bringen, zugedeckt in 20–25 Minuten gar kochen. Kartoffeln abgießen, mit kaltem Wasser abschrecken, abtropfen lassen, sofort pellen und lauwarm abkühlen lassen. Kartoffeln in Scheiben schneiden und in eine große Schüssel geben.

2 Bärlauch abspülen und trockentupfen. Bärlauchstängel zum Garnieren beiseite legen. Die Blättchen von den Stängeln zupfen. Blättchen klein schneiden. Schalotten oder Zwiebeln abziehen und in kleine Würfel schneiden. Bärlauch, Schalotten- oder Zwiebelwürfel zu den Kartoffelscheiben geben.

3 Brühe mit Essig und Olivenöl in einem Topf erhitzen. Mit Salz und Pfeffer würzen. Die Brühe über die Salatzutaten gießen und vorsichtig mischen. Den Salat 1–2 Stunden durchziehen lassen.

4 Hähnchenbrustfilets unter fließendem kalten Wasser abspülen, trockentupfen und in Würfel schneiden. Olivenöl in einer Pfanne erhitzen. Hähnchenbrustwürfel von allen Seiten darin anbraten. Mit Salz und Pfeffer bestreuen.

5 Den Kartoffelsalat in der Mikrowelle nochmals kurz erhitzen und vorsichtig verrühren. Hähnchenbrustwürfel auf dem Salat verteilen und mit dem beiseite gelegten Bärlauchstängel garniert sofort servieren. Schmand verrühren und dazu reichen oder in Klecksen auf den Kartoffelsalat geben.

- **Abwandlung:**
Kartoffel-Bärlauch-Salat mit Schnecken.
500 g gegarte Pellkartoffeln und 100 g Bärlauch wie unter Punkt 1 und 2 beschrieben zubereiten. 2 Schalotten abziehen und in kleine Würfel schneiden. Etwa 70 Schnecken mit Fond aus der Dose in einem kleinen Topf aufkochen. Schnecken mit einem Schaumlöffel herausnehmen. Den Fond mit Fleischbrühe auf 125 ml ($^1/_8$ l) auffüllen, etwas abkühlen lassen. 1 Teelöffel scharfen Senf, 2 Esslöffel Rotweinessig, 1 Teelöffel Balsamico-Essig und 3 Esslöffel Olivenöl unter den Fond rühren. Bärlauch hinzugeben und mit einem Mixstab fein pürieren. Schalottenwürfel hinzufügen. Mit Salz, Pfeffer und Zucker kräftig abschmecken. Das Dressing zu den noch warmen Kartoffelscheiben geben und untermengen. Schnecken unterheben. Den Salat etwa 15 Minuten durchziehen lassen.

Kartoffel-Champignon-Salat

8 Portionen
Zubereitungszeit: 70 Min.,
ohne Abkühlzeit

Pro Portion:
E: 13 g, F: 21 g, Kh: 45 g,
kJ: 1777, kcal: 424

- **2 kg Erstlinge**
  (kleine Frühkartoffeln)

  Für die Sauce:
- **250 ml (¼ l) heiße**
  Gemüsebrühe
- **100 ml Sherry-Essig**
- **1 EL Dijon-Senf**
- **Salz**
- **2 EL Zucker**
- **frisch gemahlener**
  schwarzer Pfeffer
- **125 ml (⅛ l) Olivenöl**
- **1 Zweig Rosmarin**
- **2 Zweige Thymian**
- **4 EL Speiseöl**
- **1 Pck. (200 g)**
  Katenschinkenwürfel
- **400 g Champignons**
- **1 rote Paprikaschote**
- **1 Bund**
  Frühlingszwiebeln

- **einige Thymianzweige**

1 Kartoffeln gründlich waschen, mit Wasser bedeckt zum Kochen bringen, zugedeckt in 20–25 Minuten gar kochen. Kartoffeln abgießen, mit kaltem Wasser abschrecken, abtropfen und lauwarm abkühlen lassen.

2 Für die Sauce Brühe mit Essig, Senf, Salz, Zucker und Pfeffer verrühren. Olivenöl unterschlagen. Rosmarin und Thymian abspülen, trockentupfen. Die Blättchen von den Stängeln zupfen, Blättchen fein schneiden und unter die Sauce rühren.

3 Die noch warmen Kartoffeln vierteln, nach Belieben pellen und vorsichtig mit der Sauce vermengen.

4 Speiseöl in einer Pfanne erhitzen. Schinkenwürfel hinzufügen und knusprig braten, herausnehmen und auf Küchenpapier abtropfen lassen.

5 Champignons putzen, mit Küchenpapier abreiben, evtl. kurz abspülen, trockentupfen und in Scheiben schneiden. Champignonscheiben in dem verbliebenen Bratfett in der Pfanne andünsten. Mit Salz und Pfeffer bestreuen, erkalten lassen.

6 Paprika halbieren, entstielen, entkernen und die weißen Scheidewände entfernen. Schote waschen, trockentupfen und in Würfel schneiden. Frühlingszwiebeln putzen, waschen, abtropfen lassen und in dünne Scheiben schneiden.

7 Schinkenwürfel, Champignonscheiben, Paprikawürfel und Zwiebelscheiben mit den Kartoffelvierteln vermengen. Den Salat nochmals mit Salz und Pfeffer abschmecken und mit Thymianzweigen garniert servieren.

Winterlicher Salat mit Sülze

8 Portionen
Zubereitungszeit: 50 Min.,
ohne Abkühl- und Durch-
ziehzeit

Pro Portion:
E: 13 g, F: 20 g, Kh: 20 g,
kJ: 1320, kcal: 315

- **1 Pck. (750 g) TK-Gourmet-Gemüse (z.B. Brokkoli, Erbsen)**
- **600 g fest kochende Kartoffeln**
- **Salz**
- **2 große Stangen Porree (Lauch)**
- **350 g Wurstsülze oder Geflügelsülze**

Für die Salatsauce:
- **5–6 EL Salatmayonnaise (50% Fett)**
- **6 EL Milch**
- **Salz**
- **frisch gemahlener Pfeffer**
- **1 TL mittelscharfer Senf**
- **etwas Zucker**

1 Gemüse in kochendes Salzwasser geben, zum Kochen bringen und nach Packungsanleitung (5–10 Minuten) bissfest garen. Gemüse in ein Sieb geben, mit eiskaltem Wasser übergießen und gut abtropfen lassen.

2 Kartoffeln gründlich waschen, mit Wasser bedeckt zum Kochen bringen, zugedeckt in 20–25 Minuten gar kochen. Kartoffeln abgießen, mit kaltem Wasser abschrecken, abtropfen lassen und sofort pellen. Kartoffeln etwas abkühlen lassen, zuerst vierteln, dann in Scheiben schneiden und mit etwas Salz bestreuen.

3 Porree putzen, die Stangen längs halbieren, gut waschen, abtropfen lassen und in dünne Scheiben schneiden. Sülze in kleine Würfel (etwa 1 x 1 cm) schneiden. Die vorbereiteten Salatzutaten in eine große Schüssel geben.

4 Für die Sauce Mayonnaise mit Milch, Salz, Pfeffer, Senf und Zucker verrühren. Die Sauce zu den Salatzutaten geben und vorsichtig untermengen. Den Salat mit den Gewürzen gut abschmecken und etwa 30 Minuten durchziehen lassen.

■ Abwandlung:
Der Salat kann auch mit einer fertigen Remouladensauce aus dem Glas zubereitet werden, dannn zusätzlich 150 g Naturjoghurt unterrühren. Mit Salz, Pfeffer, Zucker und Senf pikant abschmecken.
Die Sülze kann auch getrennt zu dem Salat gereicht werden. Statt TK-Gemüse frisches Gemüse verwenden, z. B. Brokkoli-, Blumenkohlröschen, Erbsen, Möhren. Dafür das Gemüse putzen, waschen, abtropfen lassen, evtl. klein schneiden und in kochendem Salzwasser 5–10 Minuten garen. Anschließend in ein Sieb geben, mit kaltem Wasser abschrecken und gut abtropfen lassen.
Bestreuen Sie den Salat vor dem Servieren dick mit Schnittlauchröllchen.

Geschichteter Kartoffel-Pesto-Salat

6 Portionen
Zubereitungszeit: 55 Min.,
ohne Durchziehzeit

Pro Portion:
E: 22 g, F: 49 g, Kh: 14 g,
kJ: 2408, kcal: 575

Für das Pesto:
- **60 g Pinienkerne**
- **4 Knoblauchzehen**
- **50 g Rucola (Rauke)**
- **1 gestr. TL Salz**
- **200 ml Olivenöl**
- **100 g frisch geriebener Parmesan-Käse**
- **Salz**
- **frisch gemahlener Pfeffer**

- **1 Zucchini (etwa 350 g)**
- **300 g Champignons**
- **125 ml (⅛ l) Gemüsebrühe**
- **2 EL Weißweinessig**
- **2 TL Zucker**
- **Salz**
- **frisch gemahlener Pfeffer**
- **3 EL Olivenöl**

- **500 g gekochte kleine Pellkartoffeln**
- **3 mittelgroße Tomaten**

- **200 g Schweinebratenaufschnitt**

- **etwas Rucola (Rauke)**

1 Für das Pesto Pinienkerne in einer Pfanne ohne Fett hellbraun rösten. Knoblauch abziehen und in kleine Würfel schneiden. Rucola putzen, waschen, abtropfen lassen, trockentupfen und etwas zerkleinern. Die vorbereiteten Zutaten mit Salz in einen hohen Rührbecher geben und mit einem Mixstab pürieren. Olivenöl nach und nach hinzufügen und gut verrühren. Käse unterrühren. Mit Salz und Pfeffer abschmecken.

2 Zucchini waschen, abtrocknen und die Enden abschneiden. Zucchini evtl. längs halbieren und in Scheiben schneiden. Champignons putzen, mit Küchenpapier abreiben, evtl. kurz abspülen, trockentupfen und vierteln.

3 Brühe mit Essig, Zucker, Salz und Pfeffer in einem kleinen Topf zum Kochen bringen und gut aufkochen lassen. Den Topf von der Kochstelle nehmen. Olivenöl unterschlagen.

4 Zucchinischeiben und Champignonviertel in eine Schüssel geben, mit der Marinade übergießen und etwas durchziehen lassen.

5 Kartoffeln pellen und in Scheiben schneiden. Tomaten waschen, kreuzweise einschneiden und einige Sekunden in kochendes Wasser legen. Tomaten kurz in kaltem Wasser abschrecken, enthäuten, halbieren, entkernen und Stängelansätze entfernen. Tomaten in Scheiben schneiden. Bratenaufschnitt in Streifen schneiden.

6 Zucchini- und Champignonviertel abwechselnd mit Kartoffel-, Tomatenscheiben und Fleischstreifen in eine hohe Glasschale schichten. Jeweils etwas Pesto auf den einzelnen Schichten verteilen. Kartoffelscheiben mit Salz bestreuen. Die oberste Schicht soll aus Pesto bestehen.

7 Den Salat mit Rucola garniert servieren.

Kartoffel-Chicorée-Salat mit Cabanossi

8 Portionen
Zubereitungszeit: 40 Min.,
ohne Durchziehzeit

Pro Portion:
E: 8 g, F: 25 g, Kh: 27 g,
kJ: 1525, kcal: 364

- **1,2 kg fest kochende Kartoffeln**
- **2 Stauden Chicorée**
- **3 kleine rote Äpfel**
- **2 Bund Radieschen**
- **250 g Cabanossi (Knoblauchwurst)**

Für die Salatsauce:
- **6 EL Rotweinessig**
- **3 TL grobkörniger Senf**
- **Salz**
- **frisch gemahlener Pfeffer**
- **etwas Zucker**
- **6 EL Olivenöl**
- **6 EL Sonnenblumenöl**
- **1 Kästchen Kresse**

1 Kartoffeln gründlich waschen, mit Wasser bedeckt zum Kochen bringen, zugedeckt in 20–25 Minuten gar kochen. Kartoffeln abgießen, mit kaltem Wasser abschrecken, abtropfen lassen und sofort pellen.

2 Chicorée putzen, halbieren und den Strunk keilförmig herausschneiden. Chicorée klein schneiden. Äpfel waschen, abtrocknen, vierteln, entkernen und mit der Schale in dünne Spalten schneiden. Radieschen putzen, waschen, trockentupfen und in Scheiben schneiden.

3 Cabanossi in Würfel schneiden. Kartoffeln in Scheiben schneiden. Die vorbereiteten Salatzutaten in eine große Schüssel geben.

4 Für die Sauce Essig mit Senf, Salz, Pfeffer und Zucker verrühren. Oliven- und Sonnenblumenöl unterschlagen. Kresse abspülen, trockentupfen, mit einer Schere abschneiden und unter die Sauce rühren. Die Sauce zu den Salatzutaten geben und untermengen. Den Salat etwa 30 Minuten durchziehen lassen.

- **Tipp:**
Sie können die Kartoffeln bereits am Vortag kochen, pellen und zugedeckt kalt stellen.

Italienischer Spaghettisalat

6 Portionen
Zubereitungszeit: 50 Min.,
ohne Durchziehzeit

Pro Portion:
E: 24 g, F: 20 g, Kh: 36 g,
kJ: 1787, kcal: 427

- **250 g Spaghetti**
- **3 l Wasser**
- **3 TL Salz**

- **1 mittelgroße Gemüse-zwiebel**
- **1 Zucchini**
- **2 Fleischtomaten**
- **200 g gegartes Kalbfleisch**
- **3 EL Basilikumessig**
- **Salz**
- **frisch gemahlener Pfeffer**
- **getrockneter Oregano**
- **4 EL Olivenöl**
- **12 entsteinte schwarze Oliven**
- **2 TL Kapern (aus dem Glas)**

Für die Tunfischsauce:
- **1 Dose Tunfisch in Öl (Abtropfgewicht 185 g)**
- **150 g Naturjoghurt**
- **1 EL Salatmayonnaise**

- **1 Topf Basilikum**

1 Spaghetti 1–2-mal durchbrechen. Wasser in einem Topf mit geschlossenem Deckel zum Kochen bringen. Salz und Spaghetti zugeben. Spaghetti im geöffneten Topf bei mittlerer Hitze nach Packungsanleitung bissfest kochen, dabei zwischendurch 4–5-mal umrühren.

2 Anschließend Spaghetti in ein Sieb geben, mit heißem Wasser abspülen und abtropfen lassen.

3 Gemüsezwiebel abziehen, halbieren und in dünne Scheiben schneiden. Zucchini waschen, abtrocknen und die Enden abschneiden. Zucchini in dünne Scheiben schneiden. Zwiebel- und Zucchinischeiben in kochendes Salzwasser geben, kurz aufkochen lassen, in ein Sieb geben, mit kaltem Wasser übergießen, abtropfen lassen.

4 Tomaten waschen, kreuzweise einschneiden und einige Sekunden in kochendes Wasser legen. Tomaten kurz in kaltem Wasser abschrecken, enthäuten, halbieren, entkernen und

Stängelansätze entfernen. Tomaten in Spalten schneiden. Kalbfleisch in Streifen schneiden.

5 Essig mit Salz, Pfeffer und Oregano verrühren. Olivenöl unterschlagen. Spaghetti, Zwiebel-, Zucchinischeiben, Tomatenspalten, Kalbfleischstreifen, Oliven und abgetropfte Kapern in einer Schüssel vermengen. Sauce hinzufügen und untermischen. Den Salat etwa 20 Minuten durchziehen lassen.

6 Für die Sauce Tunfisch mit dem Öl aus der Dose pürieren, Joghurt und Mayonnaise unterrühren. Die Sauce mit Salz und Pfeffer abschmecken.

7 Basilikum abspülen und trockentupfen. Die Blättchen von den Stängeln zupfen. Den Salat mit den Basilikumblättchen garnieren. Die Tunfischsauce zu dem Salat reichen.

- **Tipp:**
Kalbfleisch kann durch Bratenaufschnitt ersetzt werden.

Nudelsalat mit Basilikum-Vinaigrette

8 Portionen
Zubereitungszeit: 35 Min.,
ohne Durchziehzeit

Pro Portion:
E: 19 g, F: 11 g, Kh: 38 g,
kJ: 1385, kcal: 330

- **4 l Wasser**
- **4 gestr. TL Salz**
- **400 g kurze Bandnudeln**

- **2 Dosen Artischocken-herzen (je 240 g)**
- **6 Tomaten**
- **400 g braune Champignons**
- **300 g Kochschinken**

Für die Vinaigrette:
- **3 Knoblauchzehen**
- **2 EL Weißweinessig oder Zitronensaft**
- **5 EL Olivenöl**
- **Salz**
- **frisch gemahlener Pfeffer**
- **Zucker**
- **1 Topf Basilikum**

- **30 g Pinienkerne nach Belieben**

1 Wasser in einem großen Topf mit geschlossenem Deckel zum Kochen bringen. Salz und Nudeln zugeben. Nudeln im geöffneten Topf nach Packungsanleitung kochen lassen, dabei 4–5-mal umrühren.

2 Anschließend die Nudeln in ein Sieb geben, mit heißem Wasser abspülen und abtropfen lassen.

3 Artischockenherzen in einem Sieb abtropfen lassen. Tomaten waschen, kreuzweise einschneiden und einige Sekunden in kochendes Wasser legen. Tomaten kurz in kaltem Wasser abschrecken, enthäuten, halbieren, entkernen und Stängelansätze entfernen. Tomaten in Spalten schneiden.

4 Champignons putzen, mit Küchenpapier abreiben, evtl. abspülen, trockentupfen und vierteln. Schinken in Streifen schneiden.

5 Für die Vinaigrette Knoblauch abziehen und durch eine Knoblauch-presse drücken. Essig oder Zitronensaft mit Knoblauch gut verrühren. Olivenöl unterschlagen. Mit Salz, Pfeffer und Zucker abschmecken. Champignonviertel hinzufügen und etwas durchziehen lassen.

6 Basilikum abspülen und trockentupfen. Die Blättchen von den Stängeln zupfen. Blättchen in Streifen schneiden. Basilikumstreifen unter die Champignons heben und mit den Nudeln mischen.

7 Den Salat mit Artischockenherzen, Tomatenspalten und Schinkenstreifen auf einer großen Platte anrichten. Nach Belieben mit Pinienkernen bestreuen.

Warmer Nudelsalat

6 Portionen
Zubereitungszeit: 45 Min.,
ohne Durchziehzeit

Pro Portion:
E: 17 g, F: 13 g, Kh: 29 g,
kJ: 1254, kcal: 300

- **300 g Brokkoliröschen**
- **400 ml Gemüsebrühe**
- **300 g gekochter Schinken**
- **4 Frühlingszwiebeln**
- **1 Glas Maiskölbchen (Abtropfgewicht 190 g)**

- **2½ l Wasser**
- **2½ gestr. TL Salz**
- **200 g Nudeln, z. B. Hütchen oder Trulli-Nudeln**

Für die Salatsauce:
- **200 ml Gemüsebrühe von dem Brokkoli**
- **3 EL Estragon-Essig**
- **6 EL Olivenöl**
- **Salz**
- **frisch gemahlener Pfeffer**
- **etwas Zucker**

- **2 EL Schnittlauchröllchen**

1 Von dem Brokkoli die Blätter entfernen. Brokkoli in Röschen teilen, waschen und abtropfen lassen. Brühe in einem Topf zum Kochen bringen. Brokkoliröschen hinzufügen, zum Kochen bringen und etwa 6 Minuten garen. Brokkoliröschen in ein Sieb geben, die Brühe dabei auffangen und 200 ml davon abmessen. Brokkoliröschen kurz in eiskaltes Wasser geben und anschließend in einem Sieb abtropfen lassen.

2 Schinken in Würfel schneiden. Frühlingszwiebeln putzen, waschen, abtropfen lassen und in Ringe schneiden. Maiskölbchen in einem Sieb abtropfen lassen, evtl. halbieren.

3 Wasser in einem großen Topf mit geschlossenem Deckel zum Kochen bringen. Dann Salz und Nudeln zugeben. Die Nudeln im geöffneten Topf bei mittlerer Hitze nach Packungsanleitung kochen lassen, dabei zwischendurch 4–5-mal umrühren.

4 Anschließend die Nudeln in ein Sieb geben, mit heißem Wasser abspülen und abtropfen lassen.

5 Für die Sauce Brühe in einem kleinen Topf zum Kochen bringen. Essig unterrühren, Olivenöl unterschlagen. Mit Salz, Pfeffer und Zucker kräftig würzen.

6 Nudeln, Brokkoliröschen, Schinkenwürfel, Zwiebelringe und Maiskolben in eine Schüssel geben und gut vermengen. Die Salatzutaten mit der heißen Brühe übergießen. Salat etwas durchziehen lassen.

7 Den Salat mit Schnittlauchröllchen bestreut servieren.

- **Tipp:**
Sie können den Salat gut vorbereiten. Dann die Schüssel mit dem Salat auf dem Rost in den vorgeheizten Backofen schieben und bei Ober-/Unterhitze: etwa 100 °C, Heißluft: etwa 80 °C, Gas: etwa Stufe 1 etwa 20 Minuten erwärmen.

Nudelsalat mit Fleischsalat

6 Portionen
Zubereitungszeit: 45 Min.,
ohne Durchziehzeit

Pro Portion:
E: 14 g, F: 36 g, Kh: 48 g,
kJ: 2437, kcal: 580

- **2 l Wasser**
- **2 gestr. TL Salz**
- **250 g Nudeln, z.B.**
  Hörnchen oder Muscheln

Für die Marinade:
- **2 EL Kräuteressig**
- **Salz**
- **frisch gemahlener**
  Pfeffer
- **etwas Zucker**
- **4 EL Olivenöl**

- **1 kleine Dose**
  Ananasscheiben
  (Abtropfgewicht 270 g)
- **10 kleine Gewürzgurken**
- **2 mittelgroße Äpfel**
- **4 hart gekochte Eier**
- **etwa 400 g Fleischsalat**
  (aus dem Kühlregal)
- **1 Becher (150 g)**
  Naturjoghurt

1 Wasser in einem großen Topf mit geschlossenem Deckel zum Kochen bringen. Dann Salz und Nudeln zugeben. Die Nudeln im geöffneten Topf bei mittlerer Hitze nach Packungsanleitung kochen lassen, dabei 4–5-mal umrühren.

2 Anschließend die Nudeln in ein Sieb geben, mit heißem Wasser abspülen und abtropfen lassen.

3 Für die Marinade Essig mit Salz, Pfeffer und Zucker verrühren, Olivenöl unterschlagen. Die Marinade zu den Nudeln geben, untermischen und etwas durchziehen lassen.

4 Ananasstücke in einem Sieb gut abtropfen lassen und in kleine Stücke schneiden. Gurken abtropfen lassen und in dünne Scheiben schneiden. Äpfel schälen, achteln, entkernen und ebenfalls in dünne Scheiben schneiden.

Eier pellen und in Scheiben schneiden. Fleischsalat mit Joghurt verrühren.

5 Die Nudeln abwechselnd mit Ananasstücken, Apfel-, Eierscheiben und Fleischsalat in eine hohe Glasschale schichten. Restlichen Fleischsalat darauf verteilen. Den Salat eine Zeit lang durchziehen lassen.

■ **Tipp:**
Der Salat kann schon am Vortag zubereitet und zugedeckt über Nacht kalt gestellt werden. Nach Belieben zusätzlich 150 g gegarte TK-Erbsen unter den Salat mischen. Statt Fleischsalat kann auch Waldorfsalat verwendet werden.

Tortellinisalat „Pinocchio"

8–10 Portionen
Zubereitungszeit: 40 Min.,
ohne Abkühlzeit

Pro Portion:
E: 16 g, F: 26 g, Kh: 40 g,
kJ: 1916, kcal: 458

- 2½ l Wasser
- 2½ gestr. TL Salz
- 500 g getrocknete bunte Tortellini
- 5 Möhren
- 1 Stange Staudensellerie
- 2 Gläser Cocktailwürstchen (Abtropfgewicht je 250 g)

Für die Sauce:
- 200 g Salatmayonnaise oder gewürzte Salatcreme
- 4 EL Tomatenketchup

- Salz
- frisch gemahlener Pfeffer
- 1 Bund glatte Petersilie

1 Wasser in einem großen Topf mit geschlossenem Deckel zum Kochen bringen. Dann Salz und Tortellini hinzugeben. Die Tortellini im geöffneten Topf bei mittlerer Hitze nach Packungsanleitung kochen lassen, dabei 4–5-mal umrühren.

2 Möhren putzen, schälen, waschen, abtropfen lassen und in dünne Scheiben schneiden. Sellerie putzen und die harten Außenfäden abziehen. Sellerie waschen, abtropfen lassen und in dünne Scheiben schneiden.

3 Möhren- und Selleriescheiben in kochendem Salzwasser etwa 2 Minuten blanchieren, in ein Sieb geben, mit kaltem Wasser übergießen und abtropfen lassen.

4 Cocktailwürstchen der Länge nach halbieren. Die vorbereiteten Salatzutaten in eine Schüssel geben.

5 Für die Sauce Mayonnaise oder Salatcreme mit Ketchup verrühren, mit Salz und Pfeffer würzen. Die Sauce mit den Salatzutaten vermengen.

6 Petersilie abspülen und trockentupfen. Die Blättchen von den Stängeln zupfen, Blättchen fein hacken. Den Salat mit Petersilie bestreut servieren.

Einfacher Nudel-Pilz-Salat

6 Portionen
Zubereitungszeit: 40 Min.

Pro Portion:
E: 21 g, F: 14 g, Kh: 59 g,
kJ: 1878, kcal: 450

- 4 l Wasser
- 4 gestr. TL Salz
- 500 g Farfalle-Nudeln (Schleifchennudeln)

- 250 g rosa Champignons
- 2 EL Speiseöl
- 250 g geräucherte Putenbrust
- 1 Bund Schnittlauch

- 2 EL Weißweinessig
- Salz
- Pfeffer
- 6 EL Olivenöl

1 Nudeln wie oben beschrieben gar kochen.

2 Champignons putzen, mit Küchenpapier abreiben, evtl. kurz abspülen, trockentupfen, in Scheiben schneiden. Speiseöl erhitzen. Champignonscheiben darin andünsten.

(Fortsetzung Seite 64)

3 Putenbrust in kleine Würfel schneiden. Schnittlauch abspülen, trockentupfen, in Röllchen schneiden. Die vorbereiteten Salatzutaten in einer Schüssel mischen.

4 Essig mit Salz und Pfeffer verrühren. Olivenöl unterschlagen. Die Marinade mit den Salatzutaten mischen. Den Salat pikant mit Salz und Pfeffer abschmecken.

■ **Tipp:**
Der Salat kann zusätzlich mit 2 Esslöffeln Salatmayonnaise oder 1 Becher (150 g) Crème fraîche verfeinert werden.

Farfalle-Salat mit Zitronenhähnchen

8 Portionen
Zubereitungszeit: 40 Min.,
ohne Marinierzeit

Pro Portion:
E: 26 g, F: 7 g, Kh: 41 g,
kJ: 1416, kcal: 338

- ■ **600 g**
  Hähnchenbrustfilet
- ■ **2 Knoblauchzehen**
- ■ **2 EL Zitronensaft**
- ■ **2 EL Sojasauce**
- ■ **frisch gemahlener**
  Pfeffer
- ■ **frischer Thymian**
- ■ **etwas abgeriebene**
  Schale von 1 Bio-Zitrone
  (unbehandelt, unge-
  wachst)
- ■ **3 EL Speiseöl**

- ■ **3 l Wasser**
- ■ **3 gestr. TL Salz**
- ■ **400 g Farfalle-Nudeln**
  (Schmetterlingsnudeln)

- ■ **300 g Kohlrabi**
- ■ **300 g Zuckerschoten**
- ■ **2 EL Speiseöl**

1 Hähnchenbrustfilets unter fließendem kalten Wasser abspülen, trockentupfen, in Würfel schneiden und in eine flache Schale legen. Knoblauch abziehen und durch eine Knoblauchpresse drücken.

2 Zitronensaft mit Sojasauce, Knoblauch, Pfeffer, Thymian und Zitronenschale verrühren. Speiseöl unterschlagen. Die Fleischwürfel mit der Marinade übergießen und etwa 1 Stunde durchziehen lassen.

3 Wasser in einem großen Topf mit geschlossenem Deckel zum Kochen bringen. Dann Salz und Nudeln zugeben. Die Nudeln im geöffneten Topf bei mittlerer Hitze nach Packungsanleitung kochen lassen, dabei 4–5-mal umrühren.

4 Anschließend die Nudeln in ein Sieb geben, mit heißem Wasser abspülen und abtropfen lassen.

5 Kohlrabi putzen, schälen und in Rauten oder in kleine Scheiben schneiden. Zuckerschoten putzen und die Enden abschneiden. Zuckerschoten waschen, abtropfen lassen und halbieren. Kohlrabi und Zuckerschoten in kochendem Salzwasser 2–3 Minuten garen, in ein Sieb geben, mit kaltem Wasser übergießen, abtropfen lassen.

6 Fleischwürfel aus der Marinade nehmen und gut abtropfen lassen. Speiseöl in einer Pfanne erhitzen. Fleischwürfel von allen Seiten darin anbraten, herausnehmen und beiseite stellen.

7 Restliche Marinade zum Bratensatz geben, unter Rühren aufkochen lassen, mit Salz und Pfeffer abschmecken.

8 Nudeln, Kohlrabirauten oder -scheiben und Zuckerschoten in eine große Schüssel geben und mit der Sauce gut vermischen. Salat kurz durchziehen lassen.

Nudelsalat „Nizzaer-Art"

4–6 Portionen
Zubereitungszeit. 40 Min.,
ohne Durchziehzeit

Pro Portion:
E: 20 g, F: 26 g, Kh: 69 g,
kJ: 2509, kcal: 596

- **3 l Wasser**
- **3 gestr. TL Salz**
- **500 g getrocknete, mit Hackfleisch gefüllte Tortellini**

- **2 mittelgroße Zucchini (etwa 450 g)**
- **je 1 rote, gelbe und grüne Paprikaschote**
- **4 Fleischtomaten (etwa 450 g)**

- **1 Dose grüne Brechbohnen (Abtropfgewicht 360 g)**
- **1 Glas Anchovisfilets (in Salzlake eingelegte Sardellenfilets, Fischeinwaage 40 g)**
- **1 Bund Basilikum**
- **4 EL Balsamico-Essig**
- **Salz**
- **frisch gemahlener Pfeffer**
- **8 EL Olivenöl**
- **2 Knoblauchzehen**

1 Wasser in einem großen Topf mit geschlossenem Deckel zum Kochen bringen. Dann Salz und Tortellini zugeben. Die Tortellini im geöffneten Topf bei mittlerer Hitze nach Packungsanleitung kochen lassen, dabei 4–5-mal umrühren.

2 Anschließend die Tortellini in ein Sieb geben, mit heißem Wasser abspülen und abtropfen lassen.

3 Zucchini waschen, abtrocknen und die Enden abschneiden. Zucchini längs halbieren und in Scheiben schneiden. Paprika halbieren, entstielen, entkernen und die weißen Scheidewände entfernen. Die Schoten in große Stücke schneiden. Zucchinischeiben und Paprikastücke in kochendem Salzwasser etwa 3 Minuten blanchieren. Anschließend in ein Sieb geben, mit eiskaltem Wasser übergießen und abtropfen lassen.

4 Tomaten waschen, trockentupfen, vierteln, entkernen und die Stängelansätze herausschneiden.

Tomatenviertel in Würfel schneiden. Bohnen in einem Sieb abtropfen lassen und die Flüssigkeit dabei auffangen.

5 Anchovisfilets abspülen, trockentupfen und in kleine Stücke schneiden. Basilikum abspülen und trockentupfen. Die Blättchen von den Stängeln zupfen. Blättchen klein schneiden.

6 Tortellini, Zucchinischeiben, Paprikastücke, Tomatenwürfel, Bohnen und Anchovisstückchen in einer Schüssel mischen.

7 Die Hälfte der aufgefangenen Bohnenflüssigkeit mit Essig, Salz und Pfeffer verrühren, Olivenöl unterschlagen. Basilikum unterrühren. Die Marinade zu den Salatzutaten geben, gut vermengen und den Salat abschmecken. Knoblauch abziehen und in kleine Würfel schneiden, in einer beschichteten Pfanne hellbraun rösten, herausnehmen und etwas abkühlen lassen. Den Salat damit bestreuen und kalt gestellt 1–2 Stunden durchziehen lassen.

Chinesischer Reisnudelsalat

6 Portionen
Zubereitungszeit: 45 Min.,
ohne Marinier-, Abkühl-
und Durchziehzeit

Pro Portion:
E: 23 g, F: 15 g, Kh: 25 g,
kJ: 1361, kcal: 325

- **75 g geröstete gesalzene Erdnusskerne**
- **400 g Hähnchenbrustfilet**
- **4 EL Sojasauce**

- **2 EL Sonnenblumenöl**
- **frisch gemahlener Pfeffer**

- **20 g frischer Ingwer**
- **Saft von 2 Orangen**
- **250 g Porree (Lauch)**
- **250 g Möhren**
- **125 g Mihoen-Nudeln (China-Reisnudeln)**
- **200 g rosa oder weiße Champignons**
- **3 EL Erdnussöl**
- **Salz**

1 Erdnusskerne in einer Pfanne ohne Fett leicht rösten. Aus der Pfanne nehmen und beiseite stellen. Hähnchenbrustfilets unter fließendem kalten Wasser abspülen, trockentupfen und in dünne Streifen schneiden. Fleischstreifen in eine flache Schale legen, mit Sojasauce mischen und etwa 30 Minuten marinieren.

2 Sonnenblumenöl in einer Pfanne erhitzen. Fleischstreifen von allen Seiten darin anbraten und mit Pfeffer bestreuen. Fleischstreifen aus der Pfanne nehmen und erkalten lassen.

3 Ingwer schälen und fein hacken. Orangensaft und Ingwer zu dem Bratfond geben und kurz aufkochen lassen. Den Sud erkalten lassen.

4 Porree putzen, die Stangen längs halbieren, gründlich waschen, zuerst in etwa 6 cm lange Stücke, dann in längliche feine Streifen schneiden. Möhren putzen, schälen, waschen, abtropfen lassen, ebenfalls in etwa 6 cm lange Stücke

und anschließend längs in Streifen schneiden. Porree- und Möhrenstreifen in kochendem Salzwasser etwa 2 Minuten blanchieren. Anschließend in ein Sieb geben, mit kaltem Wasser übergießen und abtropfen lassen.

5 Nudeln mit kochendem Wasser übergießen und nach Packungsanleitung etwa 5 Minuten quellen lassen. Anschließend in ein Sieb geben, mit kaltem Wasser übergießen und abtropfen lassen. Nudeln mit einer Schere klein schneiden.

6 Champignons putzen, mit Küchenpapier abreiben, evtl. abspülen, trockentupfen und in sehr dünne Scheiben schneiden.

7 Erdnussöl unter den erkalteten Orangensud schlagen. Mit Salz und Pfeffer abschmecken. Nudeln, Porree, Champignonscheiben, Möhrenstreifen, Erdnusskerne und Fleischstreifen hinzufügen, gut vermengen. Den Salat etwa 30 Minuten durchziehen lassen. Vor dem Servieren nochmals durchrühren.

Spätzle-Linsen-Salat

8–10 Portionen
Zubereitungszeit: 50 Min.,
ohne Durchziehzeit

Pro Portion:
E: 25 g, F: 42 g, Kh: 49 g,
kJ: 2821, kcal: 671

- **3 l Wasser**
- **3 gestr. TL Salz**
- **500 g Spätzle**

- **750 ml (¾ l) Gemüsebrühe**
- **250 g Tellerlinsen**
- **8 Wiener Würstchen**
- **5 mittelgroße Tomaten**
- **1 Bund Frühlingszwiebeln**

Für die Marinade:
- **250 ml (¼ l) warme Gemüsebrühe**
- **1 Glas (200 g) körniger Senf**
- **2 TL süßer körniger Senf**
- **4 EL Kräuteressig**
- **etwas Kreuzkümmel (Cumin)**
- **Salz**
- **frisch gemahlener Pfeffer**
- **1 geh. TL Currypulver**
- **200 ml Olivenöl**

1 Wasser in einem großen Topf mit geschlossenem Deckel zum Kochen bringen. Dann Salz und Spätzle zugeben. Die Spätzle im geöffneten Topf bei mittlerer Hitze nach Packungsanleitung kochen lassen, dabei 4–5-mal umrühren.

2 Anschließend die Spätzle in ein Sieb geben, mit heißem Wasser abspülen und abtropfen lassen.

3 Brühe in einem Topf zum Kochen bringen, Linsen hinzufügen und etwa 20 Minuten kochen. Anschließend in ein Sieb geben, den Sud dabei auffangen. Linsen mit kaltem Wasser übergießen und gut abtropfen lassen.

4 Würstchen in Scheiben schneiden. Tomaten waschen, kreuzweise einschneiden und einige Sekunden in kochendes Wasser legen. Tomaten kurz in kaltem Wasser abschrecken, enthäuten, halbieren, entkernen und Stängelansätze entfernen. Tomaten in große Stücke schneiden. Frühlingszwiebeln putzen, waschen, abtropfen lassen und in Ringe schneiden. Die vorbereiteten Salatzutaten in eine große Schüssel geben und vorsichtig mischen.

5 Für die Marinade Brühe mit dem aufgefangenen Sud, den beiden Senfsorten, Kümmel, Salz, Pfeffer und Curry verrühren. Olivenöl unterschlagen. Die Marinade über die Salatzutaten gießen, vorsichtig mischen und etwas durchziehen lassen. Den Salat vor dem Servieren nochmals mit den Gewürzen abschmecken.

Scharfer Tortellonisalat

8 Portionen
Zubereitungszeit: 45 Min.,
ohne Abkühl- und Durch-
ziehzeit

Pro Portion:
E: 29 g, F: 28 g, Kh: 64 g,
kJ: 2621, kcal: 624

Für die Hackfleischsauce:

- **je 1 grüne, rote und gelbe Paprikaschote**
- **600 g Gehacktes vom Schwein**
- **Salz**
- **frisch gemahlener Pfeffer**
- **Cayennepfeffer**
- **6 EL Tomatenketchup**
- **4–5 EL Obstessig**
- **etwas Zucker**

- **3–4 l Wasser**
- **3–4 gestr. TL Salz**
- **2 Pck. (je 500 g) Tortelloni mit Käse- füllung (aus dem Kühlregal)**

- **1 Salatgurke**
- **1 Bund glatte Petersilie**
- **150 ml lauwarme Gemüsebrühe**

1 Für die Hackfleischsauce Paprika halbieren, entstielen, entkernen und die weißen Scheidewände entfernen. Die Schoten waschen, trockentupfen und in kleine Würfel schneiden.

2 Gehacktes in einer beschichteten Pfanne bei mittlerer Hitze unter Rühren anbraten, dabei die Fleischklümpchen mit einer Gabel zerdrücken. Mit Salz, Pfeffer und Cayennepfeffer würzen. Tomatenketchup, 4 Esslöffel Obstessig und Paprikawürfel hinzugeben. Mit Zucker abschmecken. Hackfleischsauce abkühlen lassen.

3 Wasser in einem großen Topf mit geschlossenem Deckel zum Kochen bringen. Dann Salz und Tortelloni zugeben. Die Tortelloni im geöffneten Topf bei mittlerer Hitze nach Packungsanleitung kochen lassen, dabei 4–5-mal umrühren.

4 Anschließend die Tortelloni in ein Sieb geben, mit heißem Wasser abspülen und abtropfen lassen.

5 Salatgurke waschen, abtrocknen, der Länge nach halbieren und entkernen. Gurkenhälften in dünne Scheiben schneiden. Petersilie abspülen und trockentupfen. Die Blättchen von den Stängeln zupfen (einige Blättchen zum Garnieren beiseite legen).

6 Gemüsebrühe mit dem restlichen Obstessig, Salz und Pfeffer in einer großen Schüssel verrühren. Tortelloni, Gurkenscheiben und Petersilienblättchen hinzugeben und gut vermengen. Den Salat mindestens 20 Minuten durchziehen lassen. Mit Salz und Pfeffer abschmecken.

7 Die Hackfleischsauce auf dem Salat verteilen. Den Salat mit den beiseite gelegten Petersilienblättern garnieren und servieren.

■ Tipp:
In einer unbeschichteten Pfanne Gehacktes in 2–3 Esslöffeln Speiseöl anbraten.

Nudelsalat mit Huhn und Mango

4–6 Portionen
Zubereitungszeit: 45 Min.,
ohne Abkühl- und Durch-
ziehzeit

Pro Portion:
E: 35 g, F: 16 g, Kh: 51 g,
kJ: 2090, kcal: 499

- **3 l Wasser**
- **3 gestr. TL Salz**
- **600 g kleine mit Ricotta gefüllte Ravioli (Fertigprodukt aus dem Kühlregal)**

- **500 g Hähnchen-brustfilet**
- **500 ml (½ l) Fleischbrühe**
- **1 reife Mango (etwa 400 g)**
- **1 Dose Artischockenherzen (Abtropfgewicht 240 g)**
- **1 kleines Bund Schnittlauch-Knoblauch**

- **Saft von 2 Limetten**
- **Salz**
- **frisch gemahlener Pfeffer**
- **6 EL Speiseöl, z. B. Walnussöl**

- **je 2 milde rote und grüne Peperoni**

1 Wasser in einem großen Topf mit geschlossenem Deckel zum Kochen bringen. Dann Salz und Ravioli zugeben. Die Ravioli im geöffneten Topf bei mittlerer Hitze nach Packungsanleitung kochen lassen, dabei 4–5-mal umrühren.

2 Anschließend die Ravioli in ein Sieb geben, mit heißem Wasser abspülen und abtropfen lassen.

3 Hähnchenbrustfilets unter fließendem kalten Wasser abspülen und trockentupfen. Brühe in einem Topf zum Kochen bringen. Hähnchenbrustfilets hinzugeben, zum Kochen bringen und zugedeckt etwa 20 Minuten garen.

4 Hähnchenfleisch aus der Brühe nehmen, abtropfen und abkühlen lassen. Anschließend in Scheiben oder Würfel schneiden.

5 Mango in der Mitte längs durchschneiden und den Stein herausnehmen. Mangohälften schälen und das Fruchtfleisch

in Würfel schneiden. Artischockenherzen in einem Sieb abtropfen lassen. Schnittlauch-Knoblauch abspülen, trockentupfen und in Röllchen schneiden.

6 Ravioli, Fleischscheiben oder -würfel, Mangowürfel und Artischockenherzen in einer großen Schüssel mischen.

7 Limettensaft mit Salz und Pfeffer verrühren. Speiseöl unterschlagen. Die Marinade zu den Salatzutaten geben und untermengen. Schnittlauchröllchen unterrühren. Den Salat etwa 2 Stunden kalt stellen und durchziehen lassen.

8 Peperoni abspülen, trockentupfen, längs halbieren, entkernen und in Streifen schneiden. Den Salat vor dem Servieren mit Peperonistreifen garnieren.

■ Tipp:
Ravioli können auch durch Tortellini ausgetauscht werden. Eine große Platte mit Kopfsalatblättern auslegen und den Salat darauf anrichten.

Tortellini-Salat

8 Portionen
Zubereitungszeit: 50 Min.,
ohne Durchziehzeit

Pro Portion:
E: 21 g, F: 26 g, Kh: 46 g,
kJ: 1982, kcal: 499

- **3–4 l Wasser**
- **3–4 gestr. TL Salz**
- **500 g getrocknete Tortellini mit Käsefüllung**

- **600 g Tomaten**
- **400 g gekochter Schinken**

Für die Salatsauce:
- **1 Glas (250 g) Salatmayonnaise**
- **150 g saure Sahne**
- **2 EL Balsamico-Essig**
- **2 abgezogene, zerdrückte Knoblauchzehen**
- **4 EL Olivenöl**
- **Salz**
- **frisch gemahlener Pfeffer**
- **gerebelter Thymian**
- **1 Bund Schnittlauch**
- **2 EL in Streifen geschnittene Basilikumblättchen**

1 Wasser in einem großen Topf mit geschlossenem Deckel zum Kochen bringen. Dann Salz und Tortellini zugeben. Die Tortellini im geöffneten Topf bei mittlerer Hitze nach Packungsanleitung kochen lassen, dabei 4–5-mal umrühren.

2 Anschließend die Tortellini in ein Sieb geben, mit heißem Wasser abspülen und abtropfen lassen.

3 Tomaten waschen, kreuzweise einschneiden und einige Sekunden in kochendes Wasser legen. Tomaten kurz in kaltem Wasser abschrecken, enthäuten, halbieren, entkernen und Stängelansätze entfernen. Tomatenhälften in Würfel schneiden. Schinken ebenfalls in Würfel schneiden.

4 Für die Sauce Salatmayonnaise mit saurer Sahne, Essig, Knoblauch und Olivenöl in einer großen Schüssel gut verrühren. Mit Salz, Pfeffer und Thymian würzen.

5 Schnittlauch abspülen, trockentupfen und in Röllchen schneiden. Basilikumstreifen und Schnittlauchröllchen unter die Sauce rühren.

6 Tortellini, Schinken- und Tomatenwürfel zur Salatsauce geben und vorsichtig mischen. Den Salat etwa 30 Minuten durchziehen lassen. Evtl. nochmals mit Salz und Pfeffer abschmecken.

- **Tipp:**
Der Tortellini-Salat kann als vegetarische Variante auch ohne Schinken zubereitet werden. Den Schinken dann durch 400 g frische, in Scheiben geschnittene Champignons ersetzen. Gut schmeckt der Salat halb mit Schinken und halb mit Champignons kombiniert.

Salat von Rädernudeln (Foto)

4–6 Portionen
Zubereitungszeit: 40 Min.,
ohne Durchzieh- und
Kühlzeit

Pro Portion:
E: 37 g, F: 30 g, Kh: 91 g,
kJ: 3303, kcal: 790

- 4 l Wasser
- 4 gestr. TL Salz
- 500 g Rädernudeln
- 1 kleine Dose Ananasscheiben (Abtropfgewicht 350 g)
- 500 g Hähnchenbrustfilet
- 3 EL Speiseöl, Salz, Pfeffer
- 3 Möhren (etwa 400 g)
- 1 Glas (250 g) Salatmayonnaise (50% Fett)
- Ananassaft aus der Dose

1 Wasser in einem großen Topf mit geschlossenem Deckel zum Kochen bringen. Dann Salz und Nudeln zugeben. Die Nudeln im geöffneten Topf bei mittlerer Hitze nach Packungsanleitung kochen lassen, dabei 4–5-mal umrühren. Anschließend die Nudeln in ein Sieb geben, mit heißem Wasser abspülen und abtropfen lassen.

2 Ananasscheiben in einem Sieb abtropfen lassen und den Saft dabei auffangen.

3 Hähnchenbrustfilets unter fließendem kalten Wasser abspülen, trockentupfen und in Würfel schneiden. Speiseöl in einer Pfanne erhitzen. Fleischwürfel von allen Seiten etwa 10 Minuten darin braten. Mit Salz und Pfeffer bestreuen.

4 Möhren putzen, schälen, waschen, abtropfen lassen und in dünne Scheiben schneiden. Möhrenscheiben in kochendem Salzwasser etwa 5 Minuten garen. Anschließend in ein Sieb geben, mit eiskaltem Wasser übergießen und abtropfen lassen.

5 Die vorbereiteten Salatzutaten in einer Schüssel mischen. Mayonnaise mit etwas Ananassaft verrühren. Mit Salz und Pfeffer abschmecken. Die Mayonnaise zu den Salatzutaten geben und unterheben. Den Salat 1–2 Stunden kalt stellen und durchziehen lassen.

6 Den Salat vor dem Servieren nochmals mit Salz, Pfeffer und etwas Ananassaft abschmecken und vorsichtig mischen.

Schneller Geflügel-Nudel-Salat

8 Portionen
Zubereitungszeit: 40 Min.

Pro Portion:
E: 24 g, F: 18 g, Kh: 44 g,
kJ: 1857, kcal: 443

- 2½ l Wasser
- 2½ gestr. TL Salz
- 250 g Gabelspaghetti
- Hühnerfleisch von einem fertig gebratenen Huhn
- 1 Glas Selleriestreifen (Abtropfgewicht 235 g)
- 1 Glas Champignonscheiben (Abtropfgewicht 235 g)
- 1 Dose Mandarinen (Abtropfgewicht 175 g)
- 1 Dose Ananasscheiben (Abtropfgewicht 350 g)
- 1 kleines Glas (250 g) Joghurt-Salatcreme
- etwas Ananassaft aus der Dose
- Salz, Pfeffer, Currypulver

(Fortsetzung Seite 80)

1 Wasser in einem großen Topf mit geschlossenem Deckel zum Kochen bringen. Dann Salz und Nudeln zugeben. Die Nudeln im geöffneten Topf bei mittlerer Hitze nach Packungsanleitung kochen lassen, dabei 4–5-mal umrühren.

2 Anschließend die Nudeln in ein Sieb geben, mit heißem Wasser abspülen und abtropfen lassen.

3 Von dem gebratenen Huhn die Haut abziehen. Das Hühnerfleisch vom Knochen lösen und in mundgerechte Stücke schneiden. Sellerie, Champignonscheiben, Mandarinen und Ananasscheiben getrennt in einem Sieb abtropfen lassen.

Von den Ananasscheiben den Saft auffangen. Ananasscheiben in Stücke schneiden. Die Salatzutaten in einer Schüssel vermengen.

4 Salatcreme mit Ananassaft verrühren. Mit Salz, Pfeffer und Curry abschmecken. Die Salatcreme unter die Salatzutaten heben. Nochmals abschmecken und servieren.

Italienischer Nudelsalat

4 Portionen
Zubereitungszeit: 30 Min.,
ohne Durchziehzeit

Pro Portion:
E: 16 g, F: 31 g, Kh: 43 g,
kJ: 2147, kcal: 513

- **2 l Wasser**
- **2 gestr. TL Salz**
- **200 g Nudeln, z. B. Rädchen oder Farfalle**

- **1 Dose Maiskölbchen (Abtropfgewicht 240 g)**
- **150 g Salami**
- **1 kleiner Radicchio**
- **etwa 10 grüne Oliven ohne Stein**
- **1 Bund Rucola (Rauke)**

Für die Salatsauce:
- **2–3 EL Zitronensaft**
- **1 gestr. TL Salz**
- **1 gestr. TL Zucker**
- **etwas Cayennepfeffer**

- **schwarzer Pfeffer**
- **6–7 EL Olivenöl**

- **vorbereiteter Rucola (Rauke)**

1 Wasser in einem großen Topf mit geschlossenem Deckel zum Kochen bringen. Dann Salz und Nudeln zugeben. Im geöffneten Topf bei mittlerer Hitze nach Packungsanleitung kochen lassen, dabei 4–5-mal umrühren.

2 Anschließend die Nudeln in ein Sieb geben, mit heißem Wasser abspülen und abtropfen lassen.

3 Maiskölbchen in einem Sieb abtropfen lassen. Salami in Würfel schneiden.

4 Radicchio putzen, waschen, trockentup-fen und in breite Streifen schneiden. Oliven abtropfen lassen. Rucola abspülen und trockentupfen.

5 Für die Sauce Zitronensaft mit Salz, Zucker, Cayennepfeffer und Pfeffer verrühren. Olivenöl unterschlagen.

6 Nudeln, Maiskölbchen und Salamiwürfel in einer Schüssel mischen, Salatsauce untermengen. Den Salat kalt gestellt etwa 30 Minuten durchziehen lassen.

7 Radicchiostreifen und Oliven kurz vor dem Servieren unterheben, evtl. nochmals mit den Gewürzen abschmecken.

8 Den Salat auf Rucola anrichten und servieren.

Fisch & Meeresfrüchte

Gemischter Kartoffel-Herings-Salat

6 Portionen
Zubereitungszeit: 40 Min.,
ohne Abkühlzeit

Pro Portion:
E: 16 g, F: 55 g, Kh: 40 g,
kJ: 3000, kcal: 724

- **1 kg fest kochende kleine Kartoffeln**
- **1 kg Heringsfilets in frischer Sahnesauce**
- **1 Becher (150 g) Naturjoghurt**
- **Salz, Pfeffer, etwas Zucker**
- **2–3 rote Äpfel**
- **1 EL Zitronensaft**
- **10 Cornichons**
- **3 Frühlingszwiebeln**
- **einige Dillspitzen**

1 Kartoffeln gründlich waschen, mit Wasser bedeckt zum Kochen bringen, zugedeckt in 20–25 Minuten gar kochen. Kartoffeln abgießen, mit kaltem Wasser abschrecken, abtropfen lassen, sofort pellen und lauwarm abkühlen lassen. Kartoffeln in Scheiben schneiden.

2 Heringsfilets aus der Sahnesauce nehmen und in Stücke schneiden. Die Sahnesauce mit Joghurt verrühren. Mit Salz, Pfeffer und Zucker abschmecken.

3 Äpfel waschen, trockentupfen, vierteln, entkernen, mit der Schale quer in Scheiben schneiden. Apfelscheiben mit Zitronensaft beträufeln. Cornichons abtropfen lassen und ebenfalls in Scheiben schneiden. Frühlingszwiebeln putzen, abtropfen lassen und in Ringe schneiden.

4 Die vorbereiteten Salatzutaten mit der Sauce abwechselnd in eine hohe Glasschüssel schichten, dabei die Kartoffelscheiben jeweils mit Salz und Pfeffer bestreuen. Die letzte Schicht sollte aus Sauce bestehen. Den Salat mit Dillspitzen garnieren.

Flämischer Salat

- **800 g kleine gekochte Pellkartoffeln**
- **6 Matjesfilets**
- **2 Stauden Chicorée (je 150 g)**

Für die Salatsauce:
- **2 Zwiebeln**
- **2 Stängel Estragon**
- **1 Bund Kerbel**
- **6 EL Fleischbrühe**
- **4 EL Weißweinessig**
- **1 TL Salz**
- **frisch gemahlener Pfeffer**
- **6 EL Distelöl**

1 Kartoffeln pellen, zuerst in etwa ½ cm dicke Scheiben, dann in Streifen schneiden. Matjesfilets in Würfel schneiden, evtl. vorhandene Gräten dabei entfernen.

2 Chicorée putzen, halbieren, jeweils den Strunk keilförmig herausschneiden. Chicorée waschen, abtropfen lassen und in Streifen schneiden. Die vorbereiteten Salatzutaten in eine Schüssel geben.

3 Für die Sauce Zwiebeln abziehen und in kleine Würfel schneiden. Estragon und Kerbel abspülen und trockentupfen. Die Blättchen von den Stängeln zupfen. Blättchen klein schneiden.

4 Brühe mit Essig, Salz und Pfeffer verrühren. Distelöl unterschlagen. Zwiebelwürfel und Kräuter unterrühren. Die Sauce zu den Salatzutaten geben und vorsichtig untermengen. Den Salat etwa 30 Minuten zugedeckt durchziehen lassen.

5 Den Salat vor dem Servieren nochmals vorsichtig mischen und evtl. mit den Gewürzen abschmecken.

- **Tipp:**
Den Salat nach Belieben auf Chicoréeblättern anrichten. Der Flämische Salat ist auch für ein kaltes Büffet gut geeignet. Er kann auch bereits einige Stunden vor dem Verzehr zubereitet werden.

Thai-Kartoffelsalat

4–6 Portionen
Zubereitungszeit: 45 Min.,
ohne Auftau- und Durch-
ziehzeit

Pro Portion:
E: 14 g, F: 1 g, Kh: 33 g,
kJ: 862, kcal: 205

- **250 g TK-Garnelen,**
  gegart
- **700 g fest kochende**
  Kartoffeln
- **1 Dose Bambussprossen**
  (in Stifte geschnitten,
  Abtropfgewicht 175 g)
- **2 rote Paprikaschoten**
  (etwa 500 g)
- **1 Bund Schnittlauch-**
  Knoblauch (etwa 100 g)
- **175 ml süße Chilisauce**

1 Garnelen nach Packungsanleitung auftauen lassen, evtl. kurz abspülen und trockentupfen.

2 Kartoffeln gründlich waschen, schälen, abtropfen lassen und in Stifte schneiden. Kartoffelstifte in kochendem Salzwasser etwa 10 Minuten blanchieren. Anschließend in ein Sieb geben, mit kaltem Wasser übergießen und abtropfen lassen. Bambussprossen ebenfalls in einem Sieb abtropfen lassen.

3 Paprika halbieren, entstielen, entkernen, die weißen Scheidewände entfernen. Die Schoten waschen, trockentupfen und in Streifen schneiden. Paprikastreifen in kochendem Salzwasser etwa 3 Minuten blanchieren. Anschließend in ein Sieb geben, mit kaltem Wasser übergießen und abtropfen lassen.

4 Schnittlauch-Knoblauch abspülen, trockentupfen und in Röllchen schneiden.

5 Die vorbereiteten Salatzutaten in eine Schüssel geben und vorsichtig mischen. Chilisauce untermengen. Den Salat etwa 1 Stunde kalt stellen, dabei gelegentlich umrühren.

Schwedischer Kartoffel-Herings-Salat

4–6 Portionen
Zubereitungszeit: 50 Min.,
ohne Durchziehzeit

Pro Portion:
E: 20 g, F: 15 g, Kh: 23 g,
kJ: 1290, kcal: 308

- **500 g fest kochende**
  Kartoffeln
- **200 g Roastbeef-**
  Aufschnitt
- **1 Glas Anchovis (in Salz-**
  lake eingelegte Sardel-
  len, Fischeinwaage 40 g)
- **2 Äpfel**
- **1 gekochte rote Bete**
  oder
  etwa 250 g rote Bete
  aus dem Glas
- **2 hart gekochte Eier**
- **4 Gewürzgurken**
- **4 EL Weißweinessig**
- **Salz**
- **frisch gemahlener**
  Pfeffer
- **5 EL Olivenöl**
- **100 ml Gemüsebrühe**
- **1 EL klein gehackter**
  Kapern
- **2 EL gehackter Kerbel**
- **2 EL gehackter Dill**

1 Kartoffeln gründlich waschen, mit Wasser bedeckt zum Kochen bringen, zugedeckt in 20–25-Minuten gar kochen. Kartoffeln abgießen, mit kaltem Wasser abschrecken, abtropfen lassen, sofort pellen und lauwarm abkühlen lassen. Kartoffeln in Scheiben schneiden.

(Fortsetzung Seite 88)

2 Roastbeef in Streifen schneiden. Anchovis evtl. wässern und in kleine Stücke schneiden. Äpfel schälen, vierteln, entkernen und in dünne Scheiben schneiden. Rote Bete schälen, ebenfalls in dünne Scheiben oder Streifen schneiden. Eier pellen. Gurken abtropfen lassen.

Eier und Gurken in kleine Würfel schneiden.

3 Die vorbereiteten Salatzutaten in eine Schüssel geben und mischen.

4 Essig mit Salz und Pfeffer verrühren. Olivenöl unterschlagen.

Brühe mit einem Schneebesen unterrühren. Kapern, Kerbel und Dill unterrühren. Die Marinade mit den Salatzutaten vermengen. Den Salat etwas durchziehen lassen. Nochmals mit Salz und Pfeffer abschmecken.

Frühsommerlicher Kartoffelsalat

6 Portionen
Zubereitungszeit: 40 Min.,
ohne Durchziehzeit

Pro Portion:
E: 24 g, F: 25 g, Kh: 16 g
kJ: 1623, kcal: 387

- **600 g Frühkartoffeln**
- **1 Salatgurke**
  (etwa 800 g)
- **300 g Mai-Gouda-Käse**
- **4 hart gekochte Eier**
- **150 g Krabben**

Für das Dressing:
- **1 Bund Dill**
- **3 EL Weißweinessig**
- **1 TL mittelscharfer Senf**
- **4–5 EL Speiseöl**
- **Salz**
- **frisch gemahlener**
  Pfeffer
- **Zucker**

1 Kartoffeln gründlich waschen, mit Wasser bedeckt zum Kochen bringen, zugedeckt in 20–25 Minuten gar kochen. Kartoffeln abgießen, mit kaltem Wasser abschrecken, abtropfen lassen, sofort pellen und lauwarm abkühlen lassen. Kartoffeln in Scheiben schneiden und in eine große Schüssel geben.

2 Gurke waschen, abtrocknen und der Länge nach vierteln. Kerne mit einem Löffel herauslösen. Gurkenviertel in feine Scheibchen schneiden. Käse in kleine Würfel schneiden. Eier pellen und in Stücke hacken. Gurkenscheiben, Käsewürfel und Eierstückchen zu den Kartoffelscheiben geben und untermengen. Krabben vorsichtig unterheben.

3 Für das Dressing Dill abspülen und trockentupfen. Die Spitzen von den Stängeln zupfen. Spitzen klein schneiden. Essig mit Senf verrühren. Speiseöl unterschlagen. Mit Salz, Pfeffer und Zucker abschmecken. Dill unterrühren.

4 Dressing mit den Salatzutaten vermengen. Den Salat nochmals mit Salz und Pfeffer abschmecken und etwas durchziehen lassen.

Tipp:
Der Salat darf nicht zu lange durchziehen, da die Gurken Flüssigkeit abgeben. Herzhafter schmeckt der Salat mit einem Ziegen-Gouda- oder Schnittlauch-Gouda-Käse. Gurke kann durch Staudensellerie ersetzt werden, dann zusätzlich Shrimps und Kaviar unter den Salat heben.

Kartoffel-Matjes-Salat mit roter Bete

8 Portionen
Zubereitungszeit: 50 Min.,
ohne Durchzieh- und
Kühlzeit

Pro Portion:
E: 27 g, F: 36 g, Kh: 21 g,
kJ: 2173, kcal: 519

- **12 Matjesfilets (je 60 g)**
- **6 mittelgroße Zwiebeln**
- **8–10 Gewürzgurken**
- **6 große gegarte Pellkartoffeln**
- **6 hart gekochte Eier**
- **1 Glas Rote Bete in Scheiben (Abtropfgewicht 220 g)**

Für die Salatsauce:
- **4 EL (etwa 150 g) Salatmayonnaise (50% Fett)**
- **450 g Naturjoghurt**
- **125 g Schlagsahne**
- **1 gestr. TL mittelscharfer Senf**
- **Salz**
- **frisch gemahlener Pfeffer**
- **etwas Zucker**

Nach Belieben zum Garnieren:
- **evtl. 3 hart gekochte Eier**
- **evtl. 2 EL gehackte Kräuter, z.B. Dill und Petersilie**

1 Matjesfilets evtl. entgräten, jedes Filet in 4–5 Stücke schneiden. Zwiebeln abziehen, halbieren und in Streifen schneiden.

2 Gurken abtropfen lassen und in Scheiben schneiden. Kartoffeln pellen, längs halbieren und in Scheiben schneiden. Eier pellen und ebenfalls in Scheiben schneiden. Rote Bete in einem Sieb gut abtropfen lassen, evtl. trockentupfen.

3 Für die Sauce Mayonnaise mit Joghurt, Sahne und Senf verrühren. Mit Salz, Pfeffer und Zucker würzen.

4 Nacheinander jeweils die Hälfte der Matjesstücke, Zwiebel-, Gurken-, Kartoffel-, Eier-und Rote-Bete-Scheiben in eine Schüssel schichten. Etwas Salatsauce darauf geben.

5 Die restlichen Salatzutaten in der gleichen Reihenfolge einschichten. Restliche Salatsauce darauf verteilen. Den Salat gekühlt und zugedeckt 4–6 Stunden durchziehen lassen.

6 Nach Belieben vor dem Servieren Eier pellen, halbieren, fein hacken, zusammen mit den Kräutern auf dem Salat verteilen.

- **Beilage:**
Schwarzbrot oder dunkles Vollkornbrot.

Bunter Kartoffelsalat mit Tunfisch

Für die Sauce:

- 3 frische Eigelb
  (Größe M)
- 2 EL mittelscharfer Senf
- 6 EL Weißweinessig
- etwas Zucker
- Salz
- frisch gemahlener
  schwarzer Pfeffer
- 150 ml Olivenöl
- 2 rote Zwiebeln

- 2 Pck. (je 500 g) Baked
  Potatoes (gebackene
  Kartoffeln aus dem
  Kühlregal)
- 2 Dosen Tunfisch in Öl
  (Abtropfgewicht je 150 g)
- 200 g Staudensellerie
- 1 Bund glatte Petersilie
- 250 g Cocktailtomaten
- 1 rote Paprikaschote

1 Für die Sauce Eigelb, Senf, Essig, Zucker, Salz und Pfeffer in eine Rührschüssel geben und mit Handrührgerät mit Rührbesen verrühren. Nach und nach Olivenöl unterrühren. Zwiebeln abziehen, fein würfeln und hinzufügen.

2 Kartoffeln pellen und in grobe Würfel schneiden. Tunfisch abtropfen lassen und mit einer Gabel zerpflücken.

3 Sellerie putzen und die harten Außenfäden abziehen. Sellerie waschen, abtropfen lassen und in feine Ringe schneiden. Petersilie abspülen und trockentupfen. Die Blättchen von den Stängeln zupfen. Blättchen fein schneiden.

4 Tomaten waschen, trockentupfen und evtl. die Stängelansätze entfernen. Paprika halbieren, entstielen, entkernen und die weißen Scheidewände entfernen. Schote waschen, trockentupfen und in feine Streifen schneiden.

5 Die vorbereiteten Salatzutaten in eine Schüssel geben und mit der Sauce mischen. Den Salat nochmals mit Essig, Zucker, Salz und Pfeffer abschmecken.

■ Tipp:

Nur ganz frisches Eigelb verwenden, das nicht älter als 5 Tage ist. (Legedatum beachten!) Anstelle der selbst zubereiteten Sauce können Sie auch ein Glas (200 g) Salatmayonnaise verwenden. Baked Potatoes können durch 1 kg gekochte Kartoffeln ersetzt werden, diese nach dem Garen abkühlen lassen und in Würfel schneiden.

Schwedischer Kartoffel-Krabben-Salat

4 Portionen
Zubereitungszeit: 40 Min.,
ohne Abkühl- und Durch-
ziehzeit

Pro Portion:
E: 11 g, F: 12 g, Kh: 28 g,
kJ: 1127, kcal: 270

- **500 g fest kochende Kartoffeln**
- **100 g TK-Erbsen**
- **1 Apfel**
- **125 g Krabbenfleisch**
- **100 g geraspelte rohe Sellerie**
- **125 g Salatmayonnaise,**
- **1 EL Estragonsenf**
- **Salz, Pfeffer**

1 Kartoffeln gründlich waschen, mit Wasser bedeckt zum Kochen bringen, zugedeckt in 20–25 Minuten gar kochen. Kartoffeln abgießen, mit kaltem Wasser abschrecken, abtropfen lassen, sofort pellen und lauwarm abkühlen lassen. Kartoffeln in kleine Würfel schneiden und in eine große Schüssel geben.

2 Erbsen in etwas kochendem Salzwasser etwa 3 Minuten garen. Anschließend in ein Sieb geben, mit eiskaltem Wasser übergießen und abtropfen lassen. Apfel schälen, vierteln, entkernen und in kleine Würfel schneiden. Erbsen, Apfelwürfel, Krabbenfleisch und Sellerieraspel zu den Kartoffelwürfeln geben und vorsichtig mischen.

3 Mayonnaise mit Senf verrühren und vorsichtig unter die Salatzutaten heben. Mit Salz und Pfeffer abschmecken. Den Salat etwas durchziehen lassen. Vor dem Servieren nochmals mit den Gewürzen abschmecken.

Gemüse-Kartoffel-Salat mit Lachs

4 Portionen
Zubereitungszeit: 45 Min.,
ohne Marinierzeit

Pro Portion:
E: 13 g, F: 32 g, Kh: 21 g,
kJ: 1786, kcal: 428

- **300 g grüne Bohnen**
- **Salzwasser**

Für die Marinade:
- **3 EL Kräuteressig**
- **Salz, Pfeffer, etwas Zucker**
- **5 EL Olivenöl**

- **1 gelbe Paprikaschote**
- **400 g gekochte Pellkartoffeln**
- **1 Pck. (150 g) Graved Lachs mit Sauce**
- **1 Becher (150 g) Crème fraîche**
- **3 kleine Tomaten**
- **einige Dillzweige**

1 Von den Bohnen die Enden abschneiden. Bohnen evtl. abfädeln, einmal durchbrechen oder -schneiden und in kochendem Salzwasser etwa 15 Minuten garen. Bohnen in ein Sieb geben, mit eiskaltem Wasser übergießen, abtropfen und etwas abkühlen lassen.

2 Für die Marinade Essig mit Salz, Pfeffer und Zucker verrühren. Olivenöl unterschlagen.

3 Die Hälfte der Marinade mit den warmen Bohnen vermengen und etwas durchziehen lassen.

(Fortsetzung Seite 96)

4 Paprika halbieren, entstielen, entkernen und die weißen Scheidewände entfernen. Die Schote waschen, trockentupfen und in Streifen schneiden. Kartoffeln pellen und in Scheiben schneiden. Die Kartoffelscheiben auf eine große Platte legen. Mit Salz und Pfeffer bestreuen.

5 Die marinierten Bohnen mit Paprikastreifen mischen und auf den Kartoffelscheiben verteilen, dabei den Rand nicht belegen. Lachsscheiben dekorativ auf den Plattenrand legen.

6 Crème fraîche mit der Graved-Lachs-Sauce verrühren und mit Salz abschmecken. Etwas von der Sauce mit Hilfe eines Löffels auf den Salat sprenkeln.

7 Tomaten waschen, trockentupfen, vierteln, entkernen und die Stängelansätze herausschneiden. Tomaten in Scheiben schneiden. Dill abspülen und trockentupfen.

8 Den Salat mit Tomatenscheiben und Dill garniert servieren. Restliche Sauce dazu reichen.

Labskaus-Salat

6 Portionen
Zubereitungszeit: 50 Min.,
ohne Abkühl- und Durchziehzeit

Pro Portion:
E: 35 g, F: 24 g, Kh: 21 g,
kJ: 1878, kcal: 448

- **700 g fest kochende Kartoffeln**

- **1 Glas Rote Bete in Scheiben (Abtropfgewicht 220 g)**
- **5 hart gekochte Eier**
- **400 g Corned-Beef-Aufschnitt**
- **375 g Matjesfilet**
- **1 Zwiebel**
- **1 Bund Schnittlauch**
- **1 Becher (150 g) saure Sahne**

- **4 EL Schlagsahne**
- **1 EL Weißweinessig**
- **2 TL Himbeersirup**
- **Salz**
- **frisch gemahlener Pfeffer**

1 Kartoffeln gründlich waschen, mit Wasser bedeckt zum Kochen bringen, zugedeckt in 20–25 Minuten gar kochen. Kartoffeln abgießen, mit kaltem Wasser abschrecken, abtropfen lassen, sofort pellen und lauwarm abkühlen lassen. Kartoffeln in Scheiben schneiden und in eine große Schüssel geben.

2 Rote-Bete-Scheiben abtropfen lassen und halbieren oder vierteln. Eier pellen und in etwas größere Stücke schneiden. Corned Beef in Streifen schneiden. Matjesfilets in Würfel schneiden, evtl. Gräten entfernen. Zwiebel abziehen, zuerst in dünne Scheiben schneiden, dann in Ringe teilen. Die Salatzutaten zu den Kartoffelscheiben geben und mischen.

3 Schnittlauch abspülen, trockentupfen und in Röllchen schneiden.

4 Saure Sahne mit Sahne, Essig und Sirup verrühren. Mit Salz und Pfeffer abschmecken. Die Sauce unter die Salatzutaten mischen. Schnittlauch unterheben. Den Salat kalt gestellt etwa 30 Minuten durchziehen lassen.

Kartoffelsalat mit Garnelen und Avocadocreme

6 Portionen
Zubereitungszeit: 55 Min.,
ohne Kühl- und
Durchziehzeit

Pro Portion:
E: 19 g, F: 18 g, Kh: 31 g,
kJ: 1512, kcal: 361

Für die Avocadocreme:
- ■ **1 reife Avocado (etwa 200 g)**
- ■ **1 reife Birne (etwa 300 g)**
- ■ **Saft von 2 Limetten**
- ■ **Salz**
- ■ **frisch gemahlener Pfeffer**

Für den Salat:
- ■ **1 kg fest kochende mittelgroße Kartoffeln**
- ■ **1 mittelgroße Zwiebel**
- ■ **150 ml Gemüsebrühe**
- ■ **Salz**
- ■ **2–3 EL Kräuteressig**
- ■ **4 EL Olivenöl**

- ■ **etwa 400 g Garnelen (ohne Schale)**
- ■ **2 EL Olivenöl**
- ■ **1 Knoblauchzehe**
- ■ **2 rote Chilischoten**

- ■ **1 Bund (60 g) Rucola (Rauke)**
- ■ **etwa 150 g Cocktailtomaten**
- ■ **etwa 80 g Sprossen, z. B. Alfalfa oder Soja**

1 Für die Avocadocreme Avocado waschen, trockentupfen, in der Mitte längs durchschneiden und den Stein herausnehmen. Avocado schälen, Fruchtfleisch in Stücke schneiden und in einen hohen Rührbecher geben. Birne schälen, vierteln, entkernen und mit dem Limettensaft zu den Avocadostücken geben. Die Fruchtstücke mit einem Mixstab pürieren. Die Creme mit Salz und Pfeffer abschmecken, kalt stellen.

2 Für den Salat Kartoffeln gründlich waschen, mit Wasser bedeckt zum Kochen bringen, zugedeckt in 20–25 Minuten gar kochen. Abgießen, mit kaltem Wasser abschrecken, abtropfen lassen, sofort pellen und lauwarm abkühlen lassen. Kartoffeln in Scheiben schneiden und in eine große Schüssel geben.

3 Zwiebel abziehen und in kleine Würfel schneiden. Brühe mit den Zwiebelwürfeln in einem kleinen Topf zum Kochen bringen, Topf von der Kochstelle nehmen. Die Brühe über die noch warmen Kartoffelscheiben geben. Salz darauf streuen. Essig und

Olivenöl darauf träufeln. Salat vorsichtig mischen und durchziehen lassen.

4 Garnelen abspülen und trockentupfen. Olivenöl in einer Pfanne erhitzen. Garnelen kurz von beiden Seiten darin anbraten. Knoblauch abziehen, durch eine Knoblauchpresse drücken und zu den Garnelen geben. Chili abspülen, trockentupfen, in kleine Würfel schneiden und ebenfalls zu den Garnelen geben, kurz andünsten lassen. Garnelen zum Salat geben und vorsichtig unterheben.

5 Rucola putzen, waschen und trockentupfen. Tomaten waschen, trockentupfen, halbieren und evtl. Stängelansätze entfernen.

6 Den Kartoffelsalat abwechselnd mit Rucola und Tomatenhälften auf einer großen Platte anrichten. Sprossen darauf verteilen. Avocadocreme in Klecksen darauf geben.

■ **Tipp:**
Sie können den Salat auch in einer großen Glasschüssel mit Rucola, Tomatenhälften und Avocadocreme einschichten.

Kartoffelsalat mit Räucherfisch

4–6 Portionen
Zubereitungszeit: 60 Min.,
ohne Abkühl- und Durch-
ziehzeit

Pro Portion:
E: 27 g, F: 20 g, Kh: 23 g,
kJ: 1601, kcal: 382

- **700 g kleine fest kochende Kartoffeln**
- **500 g Schillerlocken (Räucherfisch)**
- **1 Glas Silberzwiebeln (Abtropfgewicht 180 g)**
- **1 Glas Gewürzgurken (Abtropfgewicht 180 g)**
- **1 Bund (250 g) Radieschen**
- **150 g magerer durchwachsener Speck**

Für die Marinade:
- **250 ml (¼ l) Gemüsebrühe**
- **4 EL Weißweinessig**
- **4 EL Speiseöl**
- **Salz**
- **frisch gemahlener Pfeffer**

1 Kartoffeln gründlich waschen, mit Wasser bedeckt zum Kochen bringen, zugedeckt in 20–25 Minuten gar kochen. Kartoffeln abgießen, mit kaltem Wasser abschrecken, abtropfen lassen, sofort pellen und lauwarm abkühlen lassen. Kartoffeln in Scheiben schneiden und in eine große Schüssel geben.

2 Schillerlocken schräg in dünne Scheiben schneiden. Silberzwiebeln und Gurken in einem Sieb abtropfen lassen. Gurken in Scheiben schneiden. Radieschen putzen, waschen, trockentupfen und ebenfalls in Scheiben schneiden.

3 Speck in Würfel schneiden und in einer erhitzten Pfanne unter Wenden anbraten.

4 Für die Marinade Brühe, Essig und Speiseöl in einem Topf erhitzen. Mit Salz und Pfeffer abschmecken.

5 Schillerlocken-, Radieschenscheiben, Silberzwiebeln, Gurkenscheiben und Speckwürfel mit den Kartoffelscheiben mischen. Die Marinade hinzugießen und vorsichtig mit den Salatzutaten vermengen.

6 Den Salat etwa 2 Stunden kalt stellen und durchziehen lassen.

- **Tipp:**
Sie können den Salat schon am Vortag zubereiten. Je länger er durchzieht, desto besser schmeckt er.

Curry-Kartoffelsalat

4–6 Portionen
Zubereitungszeit: 80 Min.,
ohne Abkühl- und Durch-
ziehzeit

Pro Portion:
E: 24 g, F: 35 g, Kh: 29 g,
kJ: 2205, kcal: 527

- 700 g kleine neue fest kochende Kartoffeln
- je 1 roter und grüner Bio-Apfel (unbehandelt, ungewachst)
- 6 Matjesfilets (etwa 480 g)
- 100 g Walnusskerne
- 1 Becher (150 g) Crème fraîche
- 3 EL Milch
- Salz, Pfeffer
- 1 EL Currypulver
- 1 Kästchen Gartenkresse

1 Kartoffeln gründlich waschen, mit Wasser bedeckt zum Kochen bringen, zugedeckt in 20–25 Minuten gar kochen. Kartoffeln abgießen, mit kaltem Wasser abschrecken, abtropfen lassen, sofort pellen und lauwarm abkühlen lassen. Kartoffeln in etwas dickere Scheiben schneiden und in eine große Schüssel geben.

2 Äpfel waschen, abtrocknen, vierteln, entkernen und quer in dünne Scheiben schneiden. Matjesfilets in mundgerechte Stücke schneiden. Walnusskerne grob hacken. Die Salatzutaten zu den Kartoffelscheiben geben.

3 Crème fraîche mit Milch verrühren. Mit Salz, Pfeffer und Curry würzen. Die Curry-Creme mit den Salatzutaten vermengen. Den Salat etwa 1 Stunde kalt stellen und durchziehen lassen. Nochmals mit den Gewürzen abschmecken.

4 Kresse abschneiden, abspülen und trockentupfen. Kresse unter den Salat heben und sofort servieren.

Kartoffel-Linsen-Salat

4–6 Portionen
Zubereitungszeit: 50 Min.,
ohne Durchziehzeit

Pro Portion:
E: 24 g, F: 29 g, Kh: 43 g,
kJ: 2220, kcal: 529

- 800 g fest kochende Kartoffeln

Für die Marinade:
- 4 mittelgroße Zwiebeln
- 5 EL Weißweinessig
- 1 geh. EL körniger Senf
- 200 ml Wasser
- Salz
- frisch gemahlener Pfeffer
- 125 ml (⅛ l) Speiseöl
- 1 Dose Linsen mit Suppengrün (Abtropfgewicht 530 g)
- 2 geräucherte Forellenfilets (etwa 300 g)
- 2 Frühlingszwiebeln
- 1 Bund Schnittlauch

1 Kartoffeln gründlich waschen, zugedeckt in Wasser zum Kochen bringen und in 20–25 Minuten gar kochen. Kartoffeln abgießen, abdämpfen, sofort pellen und lauwarm abkühlen lassen. Kartoffeln in Scheiben schneiden und in eine große Schüssel geben.

2 Für die Marinade Zwiebeln abziehen, halbieren und in Streifen schneiden. Essig, Senf, Wasser, Salz und Pfeffer in einem Topf zum Kochen bringen. Zwiebelstreifen hinzufügen

(Fortsetzung Seite 104)

und 2–3 Minuten kochen lassen. Den Topf von der Kochstelle nehmen und Speiseöl unterrühren. Die Marinade zu den Kartoffelscheiben geben und vorsichtig mischen.

3 Linsen in ein Sieb geben und abtropfen lassen. Forellenfilets in Stücke schneiden. Frühlingszwiebeln putzen, waschen, abtropfen lassen und in schmale Scheiben schneiden. Schnittlauch abspülen, trockentupfen und in feine Röllchen schneiden.

4 Linsen, Forellenfiletstücke, Frühlingszwiebelscheiben und Schnittlauchröllchen zu den Kartoffelscheiben geben, vorsichtig untermischen. Den Salat etwa 1 Stunde durchziehen lassen.

5 Den Salat vor dem Servieren evtl. nochmals mit den Gewürzen abschmecken.

Kartoffel-Herings-Salat

4–6 Portionen
Zubereitungszeit: 50 Min.,
ohne Abkühl- und Durch-
ziehzeit

Pro Portion:
E: 26 g, F: 39 g, Kh: 26 g,
kJ: 2341, kcal: 558

- **700 g kleine fest kochende Kartoffeln**
- **6 Heringsfilets (etwa 480 g)**
- **2 Stauden Chicorée (etwa 300 g)**
- **2 rote Zwiebeln (etwa 160 g)**
- **300 g Cocktailtomaten**
- **50 g Pinienkerne**
- **1 Bund Dill**
- **300 g Schlagsahne**
- **2 EL Weißweinessig**
- **Salz**
- **frisch gemahlener Pfeffer**

1 Kartoffeln gründlich waschen, mit Wasser bedeckt zum Kochen bringen, zugedeckt in 20–25 Minuten gar kochen. Kartoffeln abgießen, mit kaltem Wasser abschrecken, abtropfen lassen, sofort pellen und lauwarm abkühlen lassen. Kartoffeln in Scheiben schneiden.

2 Heringsfilets kurz abspülen, trockentupfen und in mundgerechte Stücke schneiden, evtl. Gräten entfernen. Chicorée putzen und den Strunk keilförmig herausschneiden. Die Chicoréeblätter (einige Blätter zum Garnieren beiseite legen) in kleine Stücke schneiden und auf Küchenpapier abtropfen lassen. Zwiebeln abziehen und in dünne Scheiben schneiden.

3 Tomaten waschen, trockentupfen und halbieren. Evtl. Stängelansätze herausschneiden.

4 Pinienkerne in einer Pfanne ohne Fett unter Wenden hellbraun rösten. Dill abspülen und trockentupfen (einige Dillzweige zum Garnieren beiseite legen). Die Spitzen von den Stängeln zupfen. Spitzen klein schneiden.

5 Sahne in eine Schüssel geben. Dill unterrühren. Mit Essig, Salz und Pfeffer abschmecken. Die vorbereiteten Salatzutaten hinzufügen und vorsichtig mit der Dillsahne mischen.

6 Den Salat etwa 2 Stunden kalt stellen und durchziehen lassen. Nochmals mit Essig, Salz und Pfeffer abschmecken. Mit den beiseite gelegten Chicoréeblättern und Dillzweigen garnieren.

Katalanischer Kartoffelsalat

4–6 Portionen
Zubereitungszeit: 45 Min.,
ohne Abkühl- und Durch-
ziehzeit

Pro Portion:
E: 6 g, F: 23 g, Kh: 22 g,
kJ: 1406, kcal: 336

- **600 g kleine fest kochende Kartoffeln**
- **je 1 rote, grüne und gelbe Paprikaschote (etwa 600 g)**
- **1 kleines Glas Kapernäpfel (Abtropfgewicht 80 g)**
- **1 Glas schwarze Oliven ohne Stein (Abtropfgewicht 170 g)**
- **1 Glas Sardellenfilets (Fischeinwaage 40 g)**
- **1 Bund Basilikum**

Für die Salatsauce:
- **100 g Salatmayonnaise (50 % Fett)**
- **5 cl Sherry**
- **2 EL Weißweinessig**
- **Salz**
- **frisch gemahlener Pfeffer**
- **Knoblauchpulver**

1 Kartoffeln gründlich waschen, mit Wasser bedeckt zum Kochen bringen, zugedeckt in 20–25 Minuten gar kochen. Kartoffeln abgießen, mit kaltem Wasser abschrecken, abtropfen lassen, sofort pellen und lauwarm abkühlen lassen. Kartoffeln in Scheiben schneiden und in eine große Schüssel geben.

2 Paprika halbieren, entstielen, entkernen, die weißen Scheidewände entfernen. Die Schoten waschen, abtropfen lassen und in Würfel schneiden. Paprikawürfel in kochendem Salzwasser 2–3 Minuten blanchieren, anschließend in ein Sieb geben, mit kaltem Wasser übergießen und abtropfen lassen.

3 Kapernäpfel und Oliven in einem Sieb abtropfen lassen. Sardellenfilets evtl.

etwas wässern und in kleine Stücke schneiden. Basilikum abspülen und trockentupfen. Die Blättchen von den Stängeln zupfen (einige Blättchen beiseite legen). Blättchen klein schneiden.

4 Paprikawürfel, Kapernäpfel, Oliven, Sardellenfiletstücke und Basilikum zu den Kartoffelscheiben geben und gut mischen.

5 Für die Sauce Mayonnaise mit Sherry und Essig verrühren. Mit Salz, Pfeffer und Knoblauch abschmecken. Die Salatsauce zu den Salatzutaten geben und unterheben.

6 Den Salat kalt gestellt einige Stunden durchziehen lassen. Vor dem Servieren mit den beiseite gelegten Basilikumblättchen garnieren.

Calamares auf Kartoffel-Feldsalat

6–8 Portionen
Zubereitungszeit: 60 Min.,
ohne Durchziehzeit

Pro Portion:
E: 20 g, F: 34 g, Kh: 18 g,
kJ: 1923, kcal: 460

- **500 g Kartoffeln,**
  z. B. Galantina

Für das Dressing:
- **75 g durchwachsener**
  Speck in Würfel
  geschnitten
- **3 EL Traubenkernöl**
- **6 TL Walnussöl**
- **3 EL Rotweinessig**
- **6 EL heiße Fleischbrühe**
- **2 Eigelb (Größe M)**
- **1 TL mittelscharfer Senf**
- **Salz**
- **frisch gemahlener**
  Pfeffer
- **etwas Zucker**

- **1 kg kleine Calamares**
  (küchenfertig)
- **4 Schalotten**
- **2 Knoblauchzehen**
- **4 Tomaten**
- **6 EL Olivenöl**
- **1 EL Basilikumstreifen**

- **120 g Feldsalat oder**
  Portulaksalat

1 Kartoffeln gründlich waschen, mit Wasser bedeckt zum Kochen bringen, in 20–25 Minuten mit Deckel gar kochen.

2 Für das Dressing Speckwürfel in einer Pfanne auslassen, herausnehmen, mit Traubenkern-, Nussöl, Essig, Brühe und Eigelb verrühren. Mit Senf, Salz, Pfeffer und Zucker abschmecken.

3 Die garen Kartoffeln abgießen, mit kaltem Wasser abschrecken, abtropfen lassen und sofort pellen. Kartoffeln in Scheiben schneiden, in eine Schüssel geben und sofort mit dem Dressing übergießen. Salat gut durchziehen lassen.

4 Calamares enthäuten, putzen, auswaschen, abtropfen lassen und in Ringe schneiden. Schalotten und Knoblauch abziehen, in kleine Würfel schneiden.

5 Tomaten waschen, kreuzweise einschneiden und einige Sekunden in kochendes Wasser legen. Tomaten kurz in kaltem Wasser abschrecken, enthäuten, halbieren, entkernen und Stängelansätze entfernen. Tomaten in große Würfel schneiden.

6 Olivenöl in einer Pfanne erhitzen. Schalotten- und Knoblauchwürfel darin andünsten. Calamaresringe hinzufügen und 2–3 Minuten mit andünsten. Mit Salz und Pfeffer würzen. Tomatenwürfel vorsichtig unterschwenken und Basilikumstreifen hinzugeben. Nochmals mit den Gewürzen abschmecken.

7 Feldsalat oder Portulaksalat putzen, waschen und trockentupfen.

8 Kartoffel- und Feldsalat auf Tellern anrichten und die Calamaresringe darauf verteilen.

- **Tipp:**
Statt kleine Calamares können auch TK-Tintenfischringe oder Meeresfrüchte verwendet werden.
Nur ganz frisches Eigelb verwenden, das nicht älter als 5 Tage ist. (Legedatum beachten!)

Kartoffelsalat mit Tunfisch

6–8 Portionen
Zubereitungszeit: 55 Min.,
ohne Abkühlzeit

Pro Portion:
E: 21 g, F: 41 g, Kh: 32 g,
kJ: 2495, kcal: 597

- **1 kg kleine fest kochende Kartoffeln**
- **2 Bund Frühlingszwiebeln**
- **2 Bund Radieschen**
- **3 Dosen Tunfisch (Abtropfgewicht je 185 g)**
- **100 g blaue Weintrauben**

Für die Marinade:
- **150 ml heller Traubensaft**
- **150 ml Weißwein**
- **1 Becher (150 g) Crème fraîche**
- **150 ml Olivenöl**
- **Salz**
- **Pfeffer**
- **Zucker**
- **2–3 EL Himbeeressig**

- **1 Bund Dill**

1 Kartoffeln gründlich waschen, mit Wasser bedeckt zum Kochen bringen, zugedeckt in 20–25 Minuten gar kochen. Kartoffeln abgießen, mit kaltem Wasser abschrecken, abtropfen lassen, sofort pellen und lauwarm abkühlen lassen. Kartoffeln längs vierteln oder achteln und in eine große Schüssel geben.

2 Frühlingszwiebeln und Radieschen putzen, waschen, abtropfen lassen. Radieschen trockentupfen und in Scheiben, Frühlingszwiebeln in Stücke schneiden.

3 Tunfisch in einem Sieb abtropfen lassen und mit einer Gabel etwas zerpflücken. Weintrauben waschen, abtropfen lassen, halbieren und entkernen.

4 Für die Marinade Traubensaft, Wein, Crème fraîche und Olivenöl in einen hohen Rührbecher geben und mit einem Mixstab aufschlagen. Die Marinade mit Salz, Pfeffer, Zucker und Essig abschmecken.

5 Dill abspülen und trockentupfen. Die Spitzen von den Stängeln zupfen. Spitzen klein schneiden und unter die Marinade heben.

6 Radieschenscheiben, Zwiebelstückchen, Tunfisch und Weintraubenhälften zu den Kartoffelstücken geben und vermengen. Marinade hinzugießen und vorsichtig mischen. Den Salat auf einer Platte anrichten.

Düsseldorfer Kartoffelsalat

4 Portionen
Zubereitungszeit: 40 Min.,
ohne Durchziehzeit

Pro Portion:
E: 14 g, F: 20 g, Kh: 20 g,
kJ: 1340, kcal: 319

- **400 g gekochte Pellkartoffeln**
- **½ Salatgurke (etwa 500 g)**
- **400 g Tomaten**
- **400 g gekochter Knollensellerie**

Für die Sauce:
- **3 EL Weißweinessig**
- **1 TL mittelscharfer Senf**
- **Salz, Pfeffer**
- **etwas Zucker**
- **6 EL Speiseöl**

- **2 hart gekochte Eier**
- **100 g Krabben oder Shrimps**
- **20 g Kaviar**

(Fortsetzung Seite 112)

1 Kartoffeln pellen. Gurke waschen, abtrocknen und die Enden abschneiden. Gurke längs halbieren und entkernen. Tomaten waschen, abtrocknen und die Stängelansätze herausschneiden. Tomaten vierteln und entkernen.

2 Die vorbereiteten Salatzutaten in einer Schüssel mischen. Sellerie in kleine Würfel schneiden und untermengen.

3 Für die Sauce Essig mit Senf, Salz, Pfeffer und Zucker verrühren. Speiseöl unterschlagen. Die Salatzutaten mit der Sauce vermengen. Den Salat etwa 30 Minuten durchziehen lassen.

4 Eier pellen und in Scheiben schneiden. Den Salat auf Tellern anrichten, mit Eierscheiben und Krabben oder Shrimps garnieren. Kaviar in kleinen Klecksen auf die Eierscheiben geben.

■ Tipp:
Nach Belieben einige Salatblätter (z. B. Lollo Rosso) waschen und trockenschleudern. Den Salat darauf anrichten.

Karnevalssalat

6 Portionen
Zubereitungszeit: 40 Min.

Pro Portion:
E: 20 g, F: 38 g, Kh: 29 g,
kJ: 2245, kcal: 537

- **1 Glas Bismarckheringe (Abtropfgewicht 250 g)**
- **125 g Gewürzgurken**
- **4 hart gekochte Eier**
- **250 g Fleischwurst**
- **2 Äpfel (400 g)**
- **1 kleine Zwiebel**
- **500 g gekochte Pellkartoffeln**
- **1 kleines Glas (350 g) Joghurt-Salatcreme**
- **50 ml Gurkenflüssigkeit**
- **2 EL Kräuteressig**
- **Salz**
- **frisch gemahlener Pfeffer**

Zum Bestreuen und Garnieren:
- **etwas Petersilie**
- **1 hart gekochtes Ei**

1 Heringe und Gurken abtropfen lassen, anschließend in kleine Würfel schneiden. Eier pellen. Von der Fleischwurst die Pelle abziehen. Äpfel schälen, vierteln und entkernen. Zwiebel abziehen.

2 Eier, Fleischwurst, Apfelviertel, Zwiebel und Kartoffeln in kleine Würfel schneiden. Die Salatzutaten in eine Schüssel geben und vermengen. Salatcreme mit Gurkenflüssigkeit und Essig verrühren. Mit Salz und Pfeffer abschmecken. Die Salatcreme unter die Salatzutaten heben.

3 Zum Bestreuen und Garnieren Petersilie waschen, trockentupfen und fein hacken. Ei pellen und in Scheiben schneiden.

4 Den Karnevalssalat mit Petersilie bestreut und Eischeiben garniert servieren.

Maritimer oder feiner Kartoffelsalat

4–6 Portionen
Zubereitungszeit: 60 Min.,
ohne Abkühl- und Durch-
ziehzeit

Pro Portion:
E: 23 g, F: 59 g, Kh: 22 g,
kJ: 2986, kcal: 713

- **500 g kleine fest kochende Kartoffeln**
- **2 Bund Frühlingszwiebeln (etwa 500 g)**
- **400 g Räucherlachs oder Graved Lachs**
- **2 Fleischtomaten (etwa 300 g)**
- **2 Kästchen Gartenkresse**

- **1 Glas Forellenkaviar (Einwaage 100 g)**

Für die
Sherry-Senf-Sauce:
- **1 Eigelb**
- **5 cl Sherry medium**
- **1 EL mittelscharfer Senf**
- **Salz**
- **frisch gemahlener Pfeffer**
- **250 ml (¼ l) Speiseöl**
- **2 EL Weißweinessig**
- **etwas Knoblauchpulver**

1 Kartoffeln gründlich waschen, mit Wasser bedeckt zum Kochen bringen, zugedeckt in 20–25 Minuten gar kochen. Kartoffeln abgießen, mit kaltem Wasser abschrecken, abtropfen lassen, sofort pellen und lauwarm abkühlen lassen. Kartoffeln in Scheiben schneiden und in eine große Schüssel geben.

2 Frühlingszwiebeln putzen, waschen, abtropfen lassen und in etwa 2 cm lange Stücke schneiden. Zwiebelstücke in kochendem Salzwasser etwa 1 Minute blanchieren, in ein Sieb geben, anschließend mit kaltem Wasser übergießen und abtropfen lassen.

3 Lachs in kleine Stücke schneiden. Tomaten waschen, trockentupfen, vierteln, entkernen und die Stängelansätze herausschneiden. Tomatenviertel in Würfel schneiden. Kresse abspülen, trockentupfen und abschneiden.

4 Zwiebel-, Lachsstücke, Tomatenwürfel, Kresse und Forellenkaviar zu den Kartoffelscheiben geben und vorsichtig mischen.

5 Für die Sauce Eigelb mit Sherry, Senf, Salz und Pfeffer in einer Rührschüssel mit Handrührgerät mit Rührbesen zu einer dicklichen Creme aufschlagen. Speiseöl in Mengen von 1–2 Esslöffeln nach und nach darunter schlagen (bei dieser Zubereitung ist es nicht notwendig, das Speiseöl tropfenweise zuzusetzen, die an das Eigelb gegebenen Gewürze verhindern eine Gerinnung). Die Sauce mit Salz, Pfeffer und Knoblauch abschmecken und unter die Salatzutaten heben. Den Salat einige Stunden kalt stellen und durchziehen lassen.

- **Tipp:**
Der Salat kann am Vortag zubereitet werden. Garnieren Sie den Salat vor dem Servieren mit Kresse, Forellenkaviar und Tomatenwürfeln. Nur ganz frisches Eigelb verwenden, dass nicht älter als 5 Tage ist. (Legedatum beachten!)

Penne-Salat mit Meeresfrüchten

4 Portionen
Zubereitungszeit: 50 Min.,
ohne Auftauzeit

Pro Portion:
E: 26 g, F: 12 g, Kh: 76 g,
kJ: 2206, kcal: 527

Zum Vorbereiten:
- ■ **320 g gemischte TK-Meeresfrüchte**

- ■ **3 l Wasser**
- ■ **3 gestr. TL Salz**
- ■ **400 g Penne-Nudeln (Röhrennudeln)**

- ■ **3 Fleischtomaten (etwa 450 g)**
- ■ **1 Bund glatte Petersilie**
- ■ **1 kleines Bund Minze**

Für die Marinade:
- ■ **Saft von 1 Limette**
- ■ **Salz**
- ■ **frisch gemahlener Pfeffer**
- ■ **3 EL Olivenöl**

1 Zum Vorbereiten Meeresfrüchte nach Packungsanleitung auftauen lassen.

2 Wasser in einem großen Topf mit geschlossenem Deckel zum Kochen bringen. Dann Salz und Nudeln zugeben. Die Nudeln im geöffneten Topf bei mittlerer Hitze nach Packungsanleitung kochen lassen, dabei 4–5-mal umrühren.

3 Anschließend die Nudeln in ein Sieb geben, mit heißem Wasser abspülen und abtropfen lassen.

4 Tomaten waschen, trockentupfen, vierteln, entkernen und die Stängelansätze herausschneiden. Tomatenviertel in Würfel schneiden.

5 Petersilie und Minze abspülen und trockentupfen. Einige Zweige zum Garnieren beiseite legen. Die Blättchen der Petersilie und Minze von den Stängeln zupfen. Blättchen klein schneiden.

6 Aufgetaute Meeresfrüchte in kochendem Salzwasser etwa 2 Minuten blanchieren, anschließend in ein Sieb geben, mit kaltem Wasser übergießen und abtropfen lassen.

7 Nudeln, Tomatenwürfel, Petersilie und Minze in eine große Schüssel geben.

8 Für die Marinade Limettensaft mit Salz und Pfeffer verrühren. Olivenöl unterschlagen. Die Marinade zu den Salatzutaten geben und untermischen.

9 Den Salat in einer Glasschüssel anrichten und mit den beiseite gelegten Petersilien- und Minzezweigen garniert servieren.

■ **Tipp:**
Der Salat kann auch mit anderen Nudelsorten zubereitet werden. Es eignen sich am besten kurze Nudelformen, z. B. Gabelspaghetti, Spiralnudeln oder Farfalle.

Vegetarisch

Kartoffelsalat mit Oliven (Titelrezept)

**4–6 Portionen
Zubereitungszeit: 40 Min.,
ohne Abkühl- und Durch-
ziehzeit**

**Pro Portion:
E: 6 g, F: 43 g, Kh: 23 g,
kJ: 2136, kcal: 510**

- **700 g kleine fest
  kochende Kartoffeln**
- **je 1 Glas grüne und
  schwarze Oliven
  ohne Stein
  (Abtropfgewicht je 170 g)**
- **1 Bund Basilikum**

  Für die Tapenade:
- **200 g gemischte Oliven
  ohne Stein**
- **1 Glas Sardellenfilets
  (Fischeinwaage 40 g)**

- **4 EL Balsamico-Essig**
- **8 EL Olivenöl**
- **Knoblauchpulver**
- **frisch gemahlener
  Pfeffer**

1 Kartoffeln gründlich
waschen, mit Wasser be-
deckt zum Kochen bringen,
zugedeckt in 20–25 Minuten
gar kochen. Kartoffeln abgießen, mit kaltem Wasser abschrecken, abtropfen lassen,
sofort pellen und lauwarm
abkühlen lassen. Kartoffeln
in Scheiben oder Würfel
schneiden und in eine große
Schüssel geben.

2 Oliven in einem Sieb
abtropfen lassen und zu
den Kartoffelscheiben geben.

Basilikum abspülen und
trockentupfen. Die Blättchen
von den Stängeln zupfen.
Blättchen beiseite legen.

3 Für die Tapenade Oliven
halbieren und Sardellen
klein schneiden. Die beiden
Zutaten in einem hohen
Rührbecher mit einem Mix-
stab pürieren. Essig hinzufügen. Olivenöl unterschlagen.
Mit Knoblauch und Pfeffer
abschmecken. Die Tapenade
unter die Salatzutaten heben.
Den Salat 1–2 Stunden kalt
stellen und durchziehen
lassen.

(Fortsetzung Seite 120)

4 Den Salat vor dem Servieren nochmals vorsichtig umrühren, evtl. mit Knoblauch und Pfeffer nach-würzen und mit den beiseite gelegten Basilikumblättchen garniert servieren.

■ **Beilage:**
Manchego-Käsewürfel oder -scheiben.

Scharfer Kartoffelsalat

4–6 Portionen
Zubereitungszeit: 55 Min.,
ohne Abkühl- und Durch-
ziehzeit

Pro Portion:
E: 4 g, F: 13 g, Kh: 22 g,
kJ: 951, kcal: 227

- ■ **700 g kleine fest kochende Kartoffeln**
- ■ **1 kleiner Rettich (etwa 400 g)**
- ■ **1 kleine Salatgurke (etwa 400 g)**
- ■ **1 Bund Radieschen (etwa 250 g)**
- ■ **Salz**

- ■ **100 ml heiße Gemüsebrühe**
- ■ **3 EL Weißweinessig**
- ■ **6 EL Sesam- oder Speiseöl**
- ■ **1 EL geriebener Meerrettich (aus dem Glas)**
- ■ **1 EL Sojasauce**
- ■ **frisch gemahlener Pfeffer**
- ■ **1 Kästchen Shisoblätter (rote Kressekeimlinge)**

1 Kartoffeln gründlich waschen, mit Wasser bedeckt zum Kochen bringen, zugedeckt in 20–25 Minuten gar kochen. Kartoffeln abgießen, mit kaltem Wasser abschrecken, abtropfen lassen, sofort pellen und lauwarm abkühlen lassen. Kartoffeln in Scheiben schneiden und in eine große Schüssel geben.

2 Rettich schälen, abspülen, trockentupfen und halbieren. Rettichhälften mit einem Gemüsehobel hobeln. Gurke waschen, trockentupfen, längs halbieren, entkernen und in dünne Scheiben schneiden. Radieschen putzen, waschen, trockentupfen und in Scheiben schneiden. Die vorbereiteten Gemüsezutaten in eine Schüssel geben, mit Salz bestreuen und etwa 30 Minuten durchziehen lassen.

3 Heiße Brühe mit Essig verrühren, Sesam- oder Speiseöl unterschlagen. Meerrettich und Sojasauce unterrühren. Mit Salz und Pfeffer abschmecken.

4 Salatzutaten evtl. in einem Sieb abtropfen lassen, zu den Kartoffelscheiben geben, mit der Marinade übergießen und vorsichtig umrühren. Den Salat etwa 1 Stunde kalt stellen und durchziehen lassen.

5 Kresse abspülen, trockentupfen und abschneiden. Den Salat mit Kresse bestreut servieren.

■ **Beilage:**
Gebackener oder gebratener Fisch, z. B. Scholle oder Rotbarsch.

Spargel-Kartoffel-Salat

4–6 Portionen
Zubereitungszeit: 50 Min.

Pro Portion:
E: 10 g, F: 26 g, Kh: 31 g,
kJ: 1700, kcal: 406

- **750 g kleine neue Kartoffeln**
- **800 g weißer Spargel**
- **250 ml (¼ l) Wasser**
- **1 TL Salz**
- **1 TL Butter**
- **1 Prise Zucker**
- **100 g Zuckerschoten**
- **2 EL Weißweinessig**
- **180 ml heiße Gemüsebrühe**
- **frisch gemahlener Pfeffer**
- **½ Topf Kerbel**
- **½ TL scharfer Senf**
- **1–2 EL Zitronensaft**
- **100 ml Olivenöl**

- **einige Cocktailtomaten**

1 Kartoffeln gründlich waschen, mit Wasser bedeckt zum Kochen bringen und in 15–20 Minuten gar kochen. Kartoffeln abgießen, mit kaltem Wasser abschrecken, abtropfen lassen, sofort pellen und in Scheiben schneiden.

2 Den Spargel von oben nach unten schälen, darauf achten, dass die Schalen vollständig entfernt, die Köpfe aber nicht verletzt werden. Die unteren Enden abschneiden (holzige Stellen vollkommen entfernen). Den Spargel waschen, abtropfen lassen und in Stücke schneiden.

3 Wasser mit Salz, Butter und Zucker in einem großen Topf zum Kochen bringen. Spargelstücke hinzufügen, zum Kochen bringen und zugedeckt in etwa 10 Minuten bissfest garen.

4 Von den Zuckerschoten die Enden abschneiden, die Schoten evtl. abfädeln. Zuckerschoten waschen, abtropfen lassen und etwa 2 Minuten vor Beendigung der Garzeit zu den Spargelstücken geben. Zuckerschoten und Spargelstücke in einem Sieb gut abtropfen lassen und in eine Schüssel geben. Essig mit Brühe und Pfeffer verrühren, zu den noch warmen Zuckerschoten und Spargelstücken geben und unterrühren.

5 Kerbel abspülen und trockentupfen. Die Blättchen von den Stängeln zupfen. Kerbelblättchen (einige Blättchen beiseite legen) mit Salz, Pfeffer, Senf, Zitronensaft und Olivenöl in einen Rührbecher geben und mit einem Mixstab fein pürieren.

6 Die Kerbelsauce zu den vorbereiteten Salatzutaten geben und vorsichtig untermischen.

7 Tomaten waschen, trockentupfen, halbieren, entkernen und die Stängelansätze herausschneiden. Den Spargel-Kartoffel-Salat mit den beiseite gelegten Kerbelblättchen und Tomatenhälften garniert servieren.

■ Tipp:
Sie könnnen zusätzlich 50 g geräucherten Frühstücksspeck in kleine Würfel schneiden, in einer Pfanne knusprig braten und die Speckwürfel auf dem Salat verteilen.

Gärtnerinsalat (Kartoffel-Gemüse-Salat)

4–6 Portionen
Zubereitungszeit: 50 Min.,
ohne Abkühl- und Durch-
ziehzeit

Pro Portion:
E: 6 g, F: 20 g, Kh: 20 g,
kJ: 1208, kcal: 288

- **500 g kleine fest kochende Kartoffeln**
- **4 dicke Möhren (etwa 400 g)**
- **½ Knollensellerie (etwa 400 g)**
- **1 Stange Porree (Lauch, etwa 250 g)**

Für die Marinade:
- **1 Bund Bärlauch oder ½ Bund Knoblauch-schnittlauch**
- **200 ml Gemüsebrühe**
- **4 EL weißer Balsamico-Essig oder Kräuteressig**
- **Salz**
- **frisch gemahlener Pfeffer**
- **8 EL Speiseöl**

- **40 g Sonnenblumenkerne**

1 Kartoffeln gründlich waschen, mit Wasser bedeckt zum Kochen bringen, zugedeckt in 20–25 Minuten gar kochen. Kartoffeln abgießen, mit kaltem Wasser abschrecken, abtropfen lassen, sofort pellen und lauwarm abkühlen lassen. Kartoffeln in Scheiben schneiden und in eine große Schüssel geben.

2 Möhren und Sellerie putzen, schälen, waschen, abtropfen lassen. Porree putzen, die Stange längs halbieren, Porree waschen, abtropfen lassen. Möhren und Sellerie in Scheiben, Porree in Stücke schneiden und in kochendem Salzwasser blanchieren (Möhren- und Sellerischeiben etwa 5 Minuten, Porreestücke höchstens 1 Minute). Anschließend in ein Sieb geben, mit kaltem Wasser übergießen, abtropfen lassen, zu den Kartoffelscheiben geben und mischen.

3 Für die Marinade Bärlauch oder Knoblauchschnittlauch waschen, trockentupfen und klein schneiden. Brühe mit Essig, Salz und Pfeffer in einem kleinen Topf verrühren und erhitzen, Speiseöl unterschlagen. Bärlauch oder Knoblauchschnittlauch unterrühren.

4 Die heiße Marinade zu den Kartoffel- und Gemüsescheiben geben und vorsichtig unterheben. Den Salat einige Stunden kalt stellen und durchziehen lassen.

5 Den Salat mit Sonnenblumenkernen bestreut servieren.

Tsatsiki-Kartoffelsalat

4 Portionen
Zubereitungszeit: 25 Min.,
ohne Abkühl-, Durchzieh-
und Saftziehzeit

Pro Portion:
E: 10 g, F: 18 g, Kh: 28 g,
kJ: 1333, kcal: 319

- **600 g fest kochende Kartoffeln**
- **250 g Tsatsiki (fertig gekauft)**
- **½ Salatgurke (etwa 300 g)**
- **Salz**
- **2 kleine Zwiebeln**
- **2–3 Knoblauchzehen**
- **etwa 15 entsteinte schwarze Oliven**
- **100 g Schafskäse**
- **frisch gemahlener Pfeffer**

1 Kartoffeln gründlich waschen, mit Wasser bedeckt zum Kochen bringen, zugedeckt in 20–25 Minuten gar kochen lassen. Kartoffeln abgießen, mit kaltem Wasser abschrecken, abtropfen lassen, sofort pellen und lauwarm abkühlen lassen. Kartoffeln in dünne Scheiben schneiden, in eine Schüssel geben, mit Tsatsiki vermengen und etwas durchziehen lassen.

2 Gurke waschen und abtrocknen. Gurke mit einer Haushaltsreibe grob raspeln, mit Salz bestreuen und etwa 15 Minuten stehen lassen.

3 Zwiebeln und Knoblauch abziehen, in Würfel schneiden und unter die Kartoffelscheiben heben. Oliven in Streifen und Schafskäse in Würfel schneiden.

4 Gurkenraspel gut ausdrücken, mit Olivenstreifen und Schafskäsewürfeln unter den Salat heben, mit Salz und Pfeffer abschmecken.

■Tipp:
Wenn Sie kein gekauftes Tsatsiki verwenden möchten, können Sie die Zwiebel- und Knoblauchwürfel in 100 ml kochende, kräftige Gemüsebrühe geben und 2–3 Minuten kochen lassen. Dann die Brühe mit Knoblauch- und Zwiebelwürfeln über die vorbereiteten Kartoffelscheiben geben und etwas durchziehen lassen. Oliven, Schafskäse und gut ausgedrückte Gurkenraspel mit 150 g Naturjoghurt (oder halb Joghurt, halb Crème fraîche) unterrühren. Den Salat mit Salz und Pfeffer abschmecken.

Provenzalischer Salat von Kartoffeln

6 Portionen
Zubereitungszeit: 65 Min.

Pro Portion:
E: 5 g, F: 18 g, Kh: 22 g,
kJ: 1159, kcal: 277

- **700 g kleine fest kochende Kartoffeln, z. B. Hansa**
- **500 g Staudensellerie**
- **je 2 gelbe und grüne Paprikaschoten (etwa 800 g)**
- **6 mittelgroße Tomaten (etwa 600 g)**
- **1 Glas grüne Oliven ohne Stein (Abtropfgewicht 170 g)**

- **8 EL Olivenöl**
- **4 EL Balsamico-Essig**
- **Salz**
- **frisch gemahlener Pfeffer**
- **Knoblauchpulver**

1 Kartoffeln gründlich waschen, mit Wasser bedeckt zum Kochen bringen, zugedeckt in 20–25 Minuten gar kochen. Kartoffeln abgießen, mit kaltem Wasser abschrecken, abtropfen lassen, sofort pellen und lauwarm abkühlen lassen. Kartoffeln in Scheiben schneiden und in eine große Schüssel geben.

2 Sellerie putzen und die harten Außenfäden abziehen. Sellerie waschen, abtropfen lassen und in dünne Scheiben schneiden. Paprika halbieren, entstielen, entkernen, die weißen Scheidewände entfernen. Die Schoten waschen, trockentupfen und in kleine Stücke schneiden. Tomaten waschen, trockentupfen, vierteln, entkernen und die Stängelansätze herausschneiden. Tomaten achteln. Oliven abtropfen lassen.

3 Etwas von dem Olivenöl in einer Pfanne erhitzen. Selleriescheiben und Paprikastücke bei schwacher Hitzen etwa 5 Minuten darin andünsten.

4 Selleriescheiben, Paprikastücke, Tomatenachtel und Oliven zu den Kartoffelscheiben geben und vorsichtig mischen.

5 Essig mit Salz, Pfeffer und Knoblauch verrühren. Restliches Olivenöl unterschlagen. Die Marinade über die Salatzutaten geben und vorsichtig unterheben.

- **Beilage:**
Gebratene Hähnchenschenkel.

- **Tipp:**
Die Kartoffeln können auch ungepellt in Scheiben geschnitten werden.

Gourmet-Salat von neuen Kartoffeln und jungen Gemüsen

6 Portionen
Zubereitungszeit: 45 Min.,
ohne Durchzieh- und
Kühlzeit

Pro Portion:
E: 6 g, F: 14 g, Kh: 28 g,
kJ: 1110, kcal: 265

- **700 g neue kleine fest kochende Kartoffeln**
- **300 g dünne grüne Spargelspitzen**
- **300 g junge Möhren mit Grün**
- **6 junge Artischocken oder Artischockenherzen (etwa 300 g)**
- **200 g Zuckerschoten**
- **200 g Cocktailtomaten**
- **1 Bund Frühlingszwiebeln**

Für die Kerbel-Vinaigrette:
- **1 Bund Kerbel**
- **4 EL Himbeeressig**
- **2 EL Balsamico-Essig**
- **8 EL Olivenöl**
- **Salz**
- **frisch gemahlener Pfeffer**

1 Kartoffeln gründlich waschen, mit Wasser bedeckt zum Kochen bringen, zugedeckt in 20–25 Minuten gar kochen. Kartoffeln abgießen, mit kaltem Wasser abschrecken und abtropfen lassen.

2 Von dem Spargel die unteren, evtl. trockenen Enden abschneiden. Möhren putzen, schälen und das Grün bis auf 1–2 cm abschneiden. Artischocken halbieren und Stiele abschneiden. Von den Zuckerschoten die Enden abschneiden, evtl. abfädeln. Von den Tomaten die Stängelansätze entfernen und die Haut mit einem scharfen Messer einritzen. Frühlingszwiebeln putzen.

3 Das vorbereitete Gemüse abspülen und nacheinander im kochenden Salzwasser blanchieren. Artischocken oder -herzen etwa 15 Minuten, Möhren mit Grün etwa 10 Minuten, Spargel etwa 8 Minuten, Zuckerschoten etwa 5 Minuten, Frühlingszwiebeln 2–3 Minuten, Tomaten nur 3–5 Sekunden. Das blanchierte Gemüse in ein Sieb geben, mit kaltem Wasser übergießen und abtropfen lassen. Von den Tomaten die Haut abziehen. Die vorbereiteten Salatzutaten in eine große Schüssel geben und vorsichtig mischen.

4 Für die Vinaigrette Kerbel abspülen und trockentupfen. Die Blättchen von den Stängeln zupfen. Blättchen klein schneiden. Essig mit Olivenöl verschlagen. Kerbel unterrühren. Mit Salz und Pfeffer abschmecken. Die Salatzutaten mit der Vinaigrette übergießen. Den Salat 1–2 Stunden kalt stellen und durchziehen lassen, dabei ab und zu vorsichtig umrühren.

- **Tipp:**
Den Salat als vegetarisches Hauptgericht oder zu geräuchertem Fisch, z. B. Lachs oder gedünsteten Seezungenröllchen reichen.

Kartoffel-Gemüse-Salat süss-sauer

6–8 Portionen
Zubereitungszeit: 60 Min.,
ohne Durchziehzeit

Pro Portion:
E: 5 g, F: 2 g, Kh: 34 g,
kJ: 780, kcal: 186

- **400 g Möhren**
- **700 g fest kochende Kartoffeln**
- **400 g Zucchini**
- **1 kleiner Staudensellerie**
- **800 g Fleischtomaten**
- **60 g Butter**
- **200 ml Gemüsebrühe**
- **1 Dose Ananasstücke (Abtropfgewicht 340 g)**

- **3–4 EL Mango-Chutney**
- **3–4 EL milder Essig, z. B. Kräuteressig**
- **2 gestr. TL gemahlener Kreuzkümmel (Cumin)**
- **Salz**
- **frisch gemahlener Pfeffer**
- **2 gestr. TL Currypulver**
- **1 gestr. TL Zucker**

1 Möhren putzen, schälen, waschen, abtropfen lassen und in Würfel schneiden. Kartoffeln gründlich waschen, schälen, abspülen, abtropfen lassen und ebenfalls würfeln.

2 Zucchini putzen und die Enden abschneiden. Zucchini waschen, trockentupfen und würfeln. Staudensellerie putzen und die harten Außenfäden abziehen. Sellerie in Streifen oder Würfel schneiden. Tomaten waschen, trockentupfen, vierteln, entkernen und die Stängelansätze herausschneiden. Tomaten in Stücke schneiden.

3 Butter in einem großen Topf zerlassen. Möhren- und Kartoffelwürfel darin andünsten. Brühe hinzugießen, zum Kochen bringen und etwa 10 Minuten dünsten lassen. Zucchiniwürfel und Staudenselleriestreifen

oder -würfel hinzufügen. Die Zutaten wieder zum Kochen bringen und in etwa 5 Minuten bissfest garen. Gemüse in ein Sieb geben, gut abtropfen lassen, den Sud dabei auffangen und 4–5 Esslöffel davon abmessen.

4 Ananasstücke in einem Sieb gut abtropfen lassen und in kleine Stücke schneiden. Die Salatzutaten in eine große Schüssel geben.

5 Mango-Chutney mit Essig, 4–5 Esslöffeln Gemüsesud, Kreuzkümmel, Salz, Pfeffer, Curry und Zucker verrühren, mit den Tomatenstücken zu den Salatzutaten geben und unterheben. Den Salat etwa 1 Stunde durchziehen lassen.

6 Den Salat vor dem Servieren nochmals mit den Gewürzen abschmecken.

Penne-Salat mit Kräuterpesto

6 Portionen
Zubereitungszeit. 60 Min.,
ohne Auftau- und Durch-
ziehzeit

Pro Portion:
E: 18 g, F: 39 g, Kh: 66 g,
kJ: 2893, kcal: 691

- **5 l Wasser**
- **5 gestr. TL Salz**
- **500 g Penne-Nudeln**
  (Röhrennudeln)

- **je 400 g Blumenkohl-,**
  Brokkoli- und
  Romanesco-Röschen
- **200 g Cocktailtomaten**

  Für das Kräuterpesto:
- **2 Pck. TK-Kräuter**
  der Provence
- **2 EL weißer Balsamico-**
  Essig oder
  Weißweinessig
- **Salz**
- **frisch gemahlener**
  Pfeffer
- **3 Knoblauchzehen**
- **200 ml Olivenöl**

- **50 g Sonnen-**
  blumenkerne

1 Wasser in einem großen Topf mit geschlossenem Deckel zum Kochen bringen. Dann Salz und Nudeln zugeben. Die Nudeln im geöffneten Topf bei mittlerer Hitze nach Packungsanleitung kochen lassen, dabei 4–5-mal umrühren.

2 Anschließend die Nudeln in ein Sieb geben, mit heißem Wasser abspülen und abtropfen lassen.

3 Blumenkohl,- Brokkoli- und Romanesco-Röschen waschen, abtropfen lassen, in mundgerechte Stücke schneiden und getrennt in kochendem Salzwasser garen. Blumenkohl etwa 10 Minuten, Brokkoli und Romansco etwa 8 Minuten.

4 Das Gemüse in ein Sieb geben, mit eiskaltem Wasser übergießen und abtropfen lassen. Tomaten waschen, kreuzweise einschneiden und einige Sekunden in kochendes Wasser legen. Tomaten kurz

in kaltem Wasser abschrecken, enthäuten und evtl. Stängelansätze entfernen. Nudeln, Blumenkohl-, Brokkoli-, Romanescostücke und Tomaten in einer Schüssel vorsichtig mischen.

5 Für das Pesto Kräuter der Provence nach Packungsanleitung auftauen lassen und in eine Schüssel geben. Essig, Salz und Pfeffer unterrühren. Knoblauch abziehen, in kleine Würfel schneiden und hinzufügen. Speiseöl unterschlagen. Pesto mit den Salatzutaten vermengen und kalt gestellt 1–2 Stunden durchziehen lassen, dabei gelegentlich umrühren.

6 Sonnenblumenkerne in einer beschichteten Pfanne unter Wenden anrösten und auf einem Teller erkalten lassen.

7 Den Salat nochmals mit den Gewürzen abschmecken und mit Sonnenblumenkernen bestreut servieren.

Koreanischer Weizennudel-Salat

4–6 Portionen
Zubereitungszeit: 45 Min.,
ohne Durchzieh- und
Kühlzeit

Pro Portion:
E: 23 g, F: 15 g, Kh: 99 g,
kJ: 2540, kcal: 606

- **5 l Wasser**
- **5 gestr. TL Salz**
- **500 g Weizennudeln**
  (schmale Bandnudeln)

- **500 g konservierte**
  Bambussprossen in
  Streifen geschnitten
  oder junge Bambus-
  herzen

- **100 g Mu-Err-Pilze**
- **120 g Cashewkerne**
- **1 kleine Flasche**
  (175 ml) asiatische
  süß-saure Chilisauce
- **1 gestr. EL geriebener**
  Meerrettich aus
  dem Glas

- **1 milde grüne**
  Chilischote
- **1 Kästchen rote**
  Shiso-Kresse
- **frisch gemahlener**
  bunter Pfeffer

1 Wasser in einem großen Topf mit geschlossenem Deckel zum Kochen bringen. Dann Salz und Nudeln zugeben. Die Nudeln im geöffneten Topf bei mittlerer Hitze nach Packungsanleitung kochen lassen, dabei 4–5-mal umrühren.

2 Anschließend die Nudeln in ein Sieb geben, mit heißem Wasser abspülen und abtropfen lassen. Bambusherzen in einem Sieb abtropfen lassen und in Stücke schneiden oder Bambussprossen in einem Sieb abtropfen lassen. Mu-Err-Pilze in kaltem Wasser einweichen.

3 Cashewkerne in einer beschichteten Pfanne hellbraun rösten und auf einem Teller erkalten lassen. Mu-Err-Pilze abtropfen lassen und klein schneiden.

4 Die vorbereiteten Salatzutaten in einer Schüssel mischen. Chilisauce mit Meerrettich verrühren, zu dem Salat geben und untermengen. Den Salat etwa 1 Stunde kalt stellen und durchziehen lassen.

5 Chilischote abspülen, trockentupfen, längs halbieren, entkernen. Chilihälften in kleine Würfel schneiden. Kresse abspülen, trockentupfen und abschneiden.

6 Den Salat nochmals abschmecken, in einer Glasschüssel anrichten, mit Chiliwürfeln und Kresse garnieren, mit Pfeffer bestreuen.

- **Tipp:**
Servieren Sie den Salat zu Geflügel- oder Schweine-medaillons, die auf Zitronen-gras aufgespießt sind.

Salat von Gabelmakkaroni

4–6 Portionen
Zubereitungszeit: 40 Min.,
ohne Kühl- und Durch-
ziehzeit

Pro Portion:
E: 18 g, F: 45 g, Kh: 82 g,
kJ: 3366, kcal: 804

- **3 l Wasser**
- **3 gestr. TL Salz**
- **500 g Gabelmakkaroni**

- **1 kleiner Kopf**
  Romanesco
  (etwa 800 g)
- **400 g junge Maiskolben**
- **2 rote Paprikaschoten**
  (etwa 400 g)
- **1 Bund Basilikum**

  Für die Mayonnaise:
- **2 Eigelb**
- **1 EL Kräutersenf**
- **2 EL Weißweinessig**
- **200 ml Olivenöl**
- **Salz**
- **frisch gemahlener**
  Pfeffer

1 Wasser in einem großen Topf mit geschlossenem Deckel zum Kochen bringen. Dann Salz und Nudeln zugeben. Die Nudeln im geöffneten Topf bei mittlerer Hitze nach Packungsanleitung kochen lassen, dabei 4–5-mal umrühren.

2 Anschließend die Nudeln in ein Sieb geben, mit heißem Wasser abspülen und abtropfen lassen.

3 Von dem Romanesco die äußeren Blätter entfernen. Romanesco in Röschen teilen und waschen. Salzwasser in einem Topf zum Kochen bringen Romanescoröschen etwa 6 Minuten darin garen. Anschließend in ein Sieb geben, mit kaltem Wasser übergießen und abtropfen lassen.

4 Die Enden der Maiskolben abschneiden. Falls die Kolben zu lang sind, einmal quer halbieren. Paprika halbieren, entstielen, entkernen und die weißen Scheidewände entfernen. Die Schoten waschen, trockentupfen und in Würfel schneiden.

5 Maiskolben in kochendem Salzwasser etwa 10 Minuten garen. Nach etwa 5 Minuten Garzeit

Paprikawürfel hinzufügen und mitgaren lassen. Anschließend in ein Sieb geben, mit kaltem Wasser übergießen und abtropfen lassen.

6 Basilikum abspülen und trockentupfen. Die Blättchen von den Stängeln zupfen. Blättchen klein schneiden.

7 Für die Mayonnaise Eigelb, Senf und Essig in einem hohen Rührbecher mit Handrührgerät mit Rührbesen gut verrühren. Olivenöl zunächst tropfenweise, dann in einem dünnen Strahl unter die Eigelbmasse rühren. Dabei soll eine Bindung entstehen. Die Mayonnaise mit Salz und Pfeffer abschmecken.

8 Die vorbereiteten Salatzutaten in einer Schüssel mischen, mit der Mayonnaise übergießen und vorsichtig untermengen. Den Salat kalt gestellt 1–2 Stunden durchziehen lassen. Vor dem Servieren nochmals mit den Gewürzen abschmecken.

- **Tipp:**
Für die Mayonnaise nur ganz frisches Eigelb verwenden, das nicht älter als 5 Tage ist (Legedatum beachten!).

Curry-Nudelsalat

4–6 Portionen
Zubereitungszeit: 45 Min.,
ohne Abkühl- und Durch-
ziehzeit

Pro Portion:
E: 23 g, F: 25 g, Kh: 90 g,
kJ: 2860, kcal: 686

- **4 l Wasser**
- **4 gestr. TL Salz**
- **500 g Gabelmakkaroni oder Gnocchetti Sardi (kleine längliche muschelähnliche Nudeln)**

- **1 kleine Dose Ananasscheiben (Abtropfgewicht 340 g)**
- **250 g Tofu**
- **3 EL Speiseöl**
- **je 1 rote und grüne Paprikaschote (etwa 500 g)**

Für die Currysauce:
- **1 Chilischote**
- **1 Topf Minze**
- **1 großer Becher (250 g) Crème fraîche**
- **etwas Ananassaft aus der Dose**
- **1 gestr. EL Currypulver**
- **Salz**
- **frisch gemahlener Pfeffer**

1 Wasser in einem großen Topf mit geschlossenem Deckel zum Kochen bringen. Dann Salz und Nudeln zugeben. Die Nudeln im geöffneten Topf bei mittlerer Hitze nach Packungsanleitung kochen lassen, dabei 4–5-mal umrühren.

2 Anschließend die Nudeln in ein Sieb geben, mit heißem Wasser abspülen und abtropfen lassen.

3 Ananasscheiben in einem Sieb abtropfen lassen und den Saft dabei auffangen. Tofu in Würfel schneiden. Speiseöl in einer Pfanne erhitzen. Tofuwürfel von allen Seiten leicht darin anbraten, herausnehmen und erkalten lassen.

4 Paprika halbieren, entstielen, entkernen und die weißen Scheidewände entfernen. Die Schoten waschen, abtropfen lassen und in Würfel schneiden. Paprikawürfel in kochendem Salzwasser etwa 2 Minuten blanchieren, anschließend in ein Sieb geben, mit eiskaltem Wasser übergießen und abtropfen lassen.

5 Für die Sauce Chilischote abspülen, trockentupfen, längs halbieren und entkernen. Chilihälften in kleine Würfel schneiden. Minze abspülen und trockentupfen (einige Zweige zum Garnieren beiseite legen). Die Blättchen von den Stängeln zupfen. Blättchen in Streifen schneiden.

6 Crème fraîche mit etwas Ananassaft verrühren. Mit Curry, Salz und Pfeffer würzen. Chiliwürfel und Minzestreifen unterrühren.

7 Nudeln mit Ananasstücken, Tofu- und Paprikawürfeln in einer Schüssel mischen. Currysauce unterheben. Den Salat kalt gestellt etwa 1 Stunde durchziehen lassen.

8 Den Salat vor dem Servieren nochmals mit den Gewürzen abschmecken und mit den beiseite gelegten Minzezweigen garniert servieren.

Nudelsalat „Florentiner Art" (Foto)

4–6 Portionen
Zubereitungszeit:
40–50 Min.

Pro Portion:
E: 14 g, F: 15 g, Kh: 71 g,
kJ: 2007, kcal: 479

- 4 l Wasser
- 4 gestr. TL Salz
- 500 g grüne Bandnudeln

- 200 g junger klein-
  blättriger Blattspinat
- je 200 g rote und gelbe
  Cocktailtomaten

- 3 EL heller Balsamico-
  Essig
- Salz, Pfeffer
- 6 EL Olivenöl

- 1 kleines Bund Kerbel

1 Wasser in einem großen Topf mit geschlossenem Deckel zum Kochen bringen. Dann Salz und Nudeln zugeben. Die Nudeln im geöffneten Topf bei mittlerer Hitze nach Packungsanleitung kochen lassen, dabei 4–5-mal umrühren.

2 Anschließend die Nudeln in ein Sieb geben, mit heißem Wasser abspülen und abtropfen lassen. Nudeln in etwa 10 cm lange Stücke schneiden.

3 Spinat verlesen, gründlich waschen und abtropfen lassen. Von den Blättern die Stiele entfernen. Spinatblätter in einer Salatschleuder trockenschleudern.

4 Tomaten waschen, trockentupfen und die Stängelansätze herausschneiden. Tomaten halbieren. Nudeln mit Spinatblättern und Tomatenhälften in einer Schüssel mischen.

5 Essig mit Salz und Pfeffer verrühren. Olivenöl unterschlagen. Die Marinade zu den Salatzutaten geben und gut vermengen. Salat abschmecken.

6 Kerbel abspülen und trockentupfen. Die Blättchen von den Stängeln zupfen. Den Salat in einer Schüssel oder auf einer Platte anrichten und mit den Kerbelblättchen garniert servieren.

Nudelsalat mit roten und gelben Cocktailtomaten

6 Portionen
Zubereitungszeit: 25 Min.

Pro Portion:
E: 8 g, F: 21 g, Kh: 40 g,
kJ: 1631, kcal: 389

- 3 l Wasser
- 3 gestr. TL Salz
- 3 Knoblauchzehen
- 300 g kleine muschel-
  förmige Nudeln,
  z. B. Gnobetti

- je 250 g gelbe und
  rote Cocktailtomaten
- 1 Bund Basilikum
- 1 Salatgurke
- 25 schwarze
  entsteinte Oliven
- 2 EL Schnittlauchröllchen
- 4 EL Weißweinessig
- Meersalz
- Pfeffer
- Zucker
- 7 EL Olivenöl
- 4 EL Weißwein

1 Wasser in einem großen Topf mit geschlossenem Deckel zum Kochen bringen. Dann Salz, Knoblauch und Nudeln zugeben. Die Nudeln im geöffneten Topf bei mittlerer Hitze nach Packungsanleitung kochen lassen, dabei 4–5-mal umrühren. Anschließend die

(Fortsetzung Seite 144)

Nudeln in ein Sieb geben, mit heißem Wasser abspülen, abtropfen lassen. Knoblauch entfernen, beiseite legen.

2 Tomaten waschen, trockentupfen, halbieren, evtl. Stängelansätze herausschneiden. Tomatenhälften in kleine Würfel schneiden. Basilikum abspülen und

trockentupfen. Die Blättchen von den Stängeln zupfen. Blättchen klein schneiden.

3 Gurke waschen, trockentupfen, mit der Schale in Würfel schneiden. Die vorbereiteten Salatzutaten mit den Oliven und Schnittlauchröllchen in einer Schüssel mischen.

4 Beiseite gelegten Knoblauch abziehen und zerdrücken. Essig mit Salz, Pfeffer und Knoblauch verrühren. Olivenöl unterschlagen. Wein unterrühren. Die Marinade unter die Salatzutaten mischen. Salat mit Salz und Pfeffer abschmecken.

Glasnudelsalat

6 Portionen
Zubereitungszeit: 35 Min.,
ohne Durchziehzeit

Pro Portion:
E: 22 g, F: 4 g, Kh: 31 g,
kJ: 1064, kcal: 253

- **500 g Glasnudeln**
- **3 mittelgroße rote Paprikaschoten (je etwa 150 g)**
- **5 Stangen Staudensellerie**
- **2 Bund Frühlingszwiebeln**
- **2 grüne Chilischoten**

  Für die Sauce:
- **1 Bund Koriander**
- **3 EL Sojasauce**
- **4 EL Weißwein**
- **6 EL Sesamöl**
- **frisch gemahlener Pfeffer**
- **etwas Zucker**
- **Chilipulver**

1 Wasser in einem großen Topf zum Kochen bringen. Glasnudeln hinzufügen und nach Packungsanleitung etwa 5 Minuten ziehen lassen, anschließend in ein Sieb geben und abtropfen lassen. Nudeln auf die gewünschte Länge schneiden (5–10 cm).

2 Paprika vierteln, entstielen, entkernen, die weißen Scheidewände entfernen. Schoten waschen, trockentupfen und in feine Streifen schneiden. Sellerie putzen und die harten Außenfäden abziehen, Sellerie waschen, abtropfen lassen und in dünne Scheiben schneiden.

3 Wasser in einem Topf zum Kochen bringen. Paprikastreifen und Selleriescheiben etwa 2 Minuten darin blanchieren, anschließend in ein Sieb geben, mit

kaltem Wasser übergießen und abtropfen lassen.

4 Frühlingszwiebeln und Chilischoten putzen, waschen, abtropfen lassen und in feine Ringe schneiden. Die vorbereiteten Salatzutaten in eine Schüssel geben und mischen.

5 Für die Sauce Koriander abspülen und trockentupfen. Die Blättchen von den Stängeln zupfen, Blättchen (einige Blättchen beiseite legen) fein schneiden. Sojasauce mit Wein verrühren. Sesamöl unterschlagen, mit Pfeffer, Zucker und Chili abschmecken. Koriander unterrühren. Die Sauce mit den Salatzutaten vermengen und etwas durchziehen lassen. Den Salat mit den beiseite gelegten Korianderblättchen garnieren.

Tortellinisalat mit Rucola

8 Portionen
Zubereitungszeit: 40 Min.,
ohne Abkühl- und Durch-
ziehzeit

Pro Portion:
E: 12 g, F: 25 g, Kh: 44 g,
kJ: 1772, kcal: 448

- **4 l Wasser**
- **4 gestr. TL Salz**
- **2 Pck. (je 250 g)
  getrocknete Tortellini
  mit Käsefüllung**

- **100 g abgezogene,
  gestiftelte Mandeln**
- **3 rote Paprikaschoten**

  Für die Marinade:
- **3 EL Weißweinessig**
- **Salz**
- **frisch gemahlener
  Pfeffer**
- **5 EL Speiseöl**
- **5 EL Nussöl**

- **300 g Rucola (Rauke)**

1 Wasser in einem großen Topf mit geschlossenem Deckel zum Kochen bringen. Dann Salz und Tortellini zugeben. Die Tortellini im geöffneten Topf bei mittlerer Hitze nach Packungsanleitung kochen lassen, dabei 4–5-mal umrühren.

2 Anschließend die Tortellini in ein Sieb geben, mit heißem Wasser abspülen und abtropfen lassen.

3 Mandeln in einer Pfanne ohne Fett goldbraun rösten, auf einem Teller abkühlen lassen und beiseite stellen. Paprika halbieren, entstielen, entkernen und die weißen Scheidewände entfernen. Die Schoten waschen, trockentupfen und in Würfel schneiden.

4 Für die Marinade Essig mit Salz und Pfeffer verrühren. Speise- und Nussöl unterschlagen.

5 Tortellini mit den Paprikawürfeln in einer großen Schüssel mischen, Marinade hinzugeben und untermischen. Den Salat etwa 30 Minuten durchziehen lassen.

6 Rucola putzen, waschen, trockentupfen oder trockenschleudern und in mundgerechte Stücke zupfen. Rucola mit den beiseite gestellten, gerösteten Mandeln unter den Salat heben.

■ Tipp:
Sie können den Salat bereits einige Stunden vorher bis Punkt 5 zubereiten. Rucola und Mandeln erst kurz vor dem Verzehr untermischen.

Spaghettisalat (Foto)

8 Portionen
Zubereitungszeit: 30 Min.

Pro Portion:
E: 15 g, F: 31 g, Kh: 49 g,
kJ: 2241, kcal: 536

- 500 g Spaghetti
- 4 l Wasser
- 4 gestr. TL Salz

- 1 Glas getrocknete Tomaten in Öl (Abtropfgewicht je 340 g)
- 1 Glas (230 g) schwarze Oliven, trocken eingelegt
- 2 Knoblauchzehen
- 2 EL Kapern
- 2 EL Tomatenmark
- 1 Bund Basilikum
- 8 EL Olivenöl
- Salz, Pfeffer

- 120 g frisch gehobelter Parmesan-Käse

1 Spaghetti 1–2-mal durchbrechen. Wasser in einem großen Topf mit geschlossenem Deckel zum Kochen bringen. Dann Salz und Spaghetti zugeben. Die Spaghetti im geöffneten Topf bei mittlerer Hitze nach Packungsanleitung kochen lassen, dabei 4–5-mal umrühren.

2 Anschließend die Spaghetti in ein Sieb geben, mit heißem Wasser abspülen und abtropfen lassen.

3 Tomaten abtropfen lassen und in feine Streifen schneiden. Oliven entsteinen und grob zerkleinern. Knoblauch abziehen und fein hacken. Kapern abtropfen lassen.

4 Tomatenstreifen, Olivenstückchen, Knoblauch und Kapern in einer großen Salatschüssel mischen. Tomatenmark unterrühren. Spaghetti unterheben.

5 Basilikum abspülen und trockentupfen. Die Blättchen von den Stängeln zupfen, Blättchen fein schneiden, mit Olivenöl mischen, mit Salz und Pfeffer würzen. Basilikum unter den Salat heben. Den Spaghettisalat mit Käse bestreut servieren.

Italienischer Raviolisalat

6 Portionen

Zubereitungszeit: 35 Min., ohne Durchziehzeit

Pro Portion:
E: 14 g, F: 28 g, Kh: 44 g,
kJ: 2049, kcal: 488

- 500 g Ravioli 4 Formaggi (aus dem Kühlregal)

- 8 Stangen Staudensellerie

- 250 g Cocktailtomaten
- 2 rote Zwiebeln
- etwa 25 entsteinte, schwarze Oliven

Für die Salatsauce:
- 2 Knoblauchzehen
- 3 TL Crema die Rucola oder Pesto (aus dem Glas)
- 5 EL Olivenöl
- Salz
- frisch gemahlener Pfeffer
- etwas Zitronensaft

- 40 g frisch gehobelter Parmesan
- Basilikumblättchen

1 Ravioli nach Packungsanleitung zubereiten. Ravioli auf ein Sieb geben, mit kaltem Wasser übergießen und gut abtropfen lassen.

2 Sellerie putzen und die harten Außenfäden abziehen. Sellerie waschen, abtropfen lassen und in

(Fortsetzung Seite 150)

Scheiben schneiden. Tomaten waschen, abtrocknen, halbieren und die Stängelansätze herausschneiden. Tomaten je nach Größe vierteln oder achteln. Zwiebeln abziehen, halbieren und in Streifen schneiden.

3 Für die Salatsauce Knoblauch abziehen und fein hacken. Knoblauch mit Crema di Rucola oder Pesto, Olivenöl, Salz, Pfeffer und Zitronensaft verrühren.

4 Ravioli, Selleriescheiben, Tomatenstücke, Zwiebelstreifen und Oliven in eine

Schüssel geben, mit der Sauce übergießen und gut vermischen. Den Salat etwa 1 Stunde durchziehen lassen.

5 Den Salat vor dem Servieren mit Käse bestreuen und mit Basilikumblättchen garnieren.

Nudelsalat mit Steinpilzen

4–6 Portionen
Zubereitungszeit: 45 Min.

Pro Portion:
E: 16 g, F: 27 g, Kh: 74 g,
kJ: 2543, kcal: 607

- **4 l Wasser**
- **4 gestr. TL Salz**
- **500 g Muschelnudeln, z. B. Gnocchetti Sardi**

- **250 g Steinpilze**
- **250 g kleine Pfifferlinge**
- **4 EL Speiseöl**
- **200 g Zuckerschoten**
- **2 Fleischtomaten (etwa 300 g)**
- **1 Bund Thymian**

- **2 EL weißer Balsamico-Essig**
- **Salz**
- **Pfeffer**
- **8 EL Olivenöl**

1 Wasser in einem großen Topf mit geschlossenem Deckel zum Kochen bringen. Dann Salz und Nudeln zugeben. Die Nudeln im geöffneten Topf bei mittlerer Hitze nach Packungsanleitung kochen lassen, dabei 4–5-mal umrühren.

2 Anschließend die Nudeln in ein Sieb geben, mit heißem Wasser abspülen und abtropfen lassen.

3 Pilze putzen, mit Küchenpapier abreiben, evtl. kurz abspülen, trockentupfen und evtl. halbieren. Speiseöl in einer Pfanne erhitzen. Pilze unter mehrmaligem Wenden darin andünsten.

4 Von den Zuckerschoten die Enden abschneiden, die Schoten evtl. abfädeln. Schoten waschen und in kochendem Salzwasser 3–5 Minuten blanchieren.

Anschließend in ein Sieb geben, mit eiskaltem Wasser übergießen, abtropfen lassen.

5 Tomaten waschen, kreuzweise einschneiden und einige Sekunden in kochendes Wasser legen. Tomaten kurz in kaltem Wasser abschrecken, enthäuten, halbieren, entkernen und Stängelansätze entfernen. Tomatenhälften in Würfel schneiden. Die vorbereiteten Salatzutaten in einer Schüssel mischen.

6 Thymian abspülen und trockentupfen. Die Blättchen von den Stängeln zupfen. Blättchen klein schneiden.

7 Essig mit Salz und Pfeffer verrühren. Olivenöl unterschlagen. Thymian unterrühren. Die Marinade zu den Salatzutaten geben und untermengen.

Nudelsalat „Sommerbrise"

8 Portionen
Zubereitungszeit: 35 Min.,
ohne Kühlzeit

.

Pro Portion:
E: 19 g, F: 32 g, Kh: 66 g,
kJ: 2669, kcal: 637

- **6 l Wasser**
- **6 gestr. TL Salz**
- **600 g Eliche oder Spiralnudeln**

- **1 große Salatgurke**
- **1 Bund Frühlingszwiebeln**
- **250 g Schafskäse**
- **3 Fenchelknollen**
- **1 Dose Gemüsemais (Abtropfgewicht 285 g)**

Für die Sauce:
- **250 g Naturjoghurt**
- **250 g Salatmayonnaise**
- **150 g Schlagsahne**
- **7 EL Zitronensaft**
- **etwas Zucker**
- **Salz**
- **frisch gemahlener schwarzer Pfeffer**
- **1 Bund Dill**

1 Wasser in einem großen Topf mit geschlossenem Deckel zum Kochen bringen. Dann Salz und Nudeln zugeben. Die Nudeln im geöffneten Topf bei mittlerer Hitze nach Packungsanleitung kochen lassen, dabei 4–5-mal umrühren.

2 Anschließend die Nudeln in ein Sieb geben, mit heißem Wasser abspülen und abtropfen lassen.

3 Gurke schälen, längs vierteln, entkernen und in Stücke schneiden. Frühlingszwiebeln putzen, waschen, abtropfen lassen und in dünne Ringe schneiden. Schafskäse in kleine Würfel schneiden. Vom Fenchel die Stiele dicht oberhalb der Knollen abtrennen, braune Stellen und Blätter entfernen, Wurzelenden gerade schneiden. Knollen

waschen, abtropfen lassen, vierteln und in dünne Scheiben schneiden. Fenchelscheiben nach Belieben in kochendem Salzwasser kurz blanchieren. Mais in einem Sieb abtropfen lassen.

4 Für die Sauce Joghurt mit Mayonnaise, Sahne und Zitronensaft verrühren. Mit Zucker, Salz und Pfeffer abschmecken. Dill abspülen und trockentupfen. Die Spitzen von den Stängeln zupfen (einige Spitzen zum Garnieren beiseite legen). Spitzen fein schneiden und unterrühren.

5 Nudeln, Gurkenstücke, Zwiebelringe, Käsewürfel, Fenchelscheiben und Mais in eine Schüssel geben. Sauce hinzufügen und gut vermengen. Den Salat bis zum Servieren kalt stellen. Mit Dillzweigen garnieren.

Salat von Spiralnudeln in Gorgonzola-Creme (Titelrezept)

4–6 Portionen
Zubereitungszeit: 60 Min.,
ohne Abkühlzeit

Pro Portion:
E: 22 g, F: 36 g, Kh: 64 g,
kJ: 2782, kcal: 667

- ■ **5 l Wasser**
- ■ **5 gestr. TL Salz**
- ■ **500 g Spiralnudeln**

- ■ **500 g Staudensellerie**
- ■ **500 g grüner Spargel**
- ■ **200 g Cocktailtomaten**

- ■ **1 Pck. (70 g)**
  Pinienkerne

Für die
Gorgonzola-Creme:
- ■ **150 g Gorgonzola-Käse**
- ■ **2 Becher (je 150 g)**
  Crème fraîche
- ■ **2 EL Salatmayonnaise**
- ■ **Salz**
- ■ **frisch gemahlener**
  Pfeffer

- ■ **1 kleiner Topf Basilikum**

1 Wasser in einem großen Topf mit geschlossenem Deckel zum Kochen bringen. Dann Salz und Nudeln zugeben. Die Nudeln im geöffneten Topf bei mittlerer Hitze nach Packungsanleitung kochen lassen, dabei 4–5-mal umrühren.

2 Anschließend die Nudeln in ein Sieb geben, mit heißem Wasser abspülen und abtropfen lassen.

3 Sellerie putzen und die harten Außenfäden abziehen. Sellerie waschen, abtropfen lassen und in dünne Scheiben schneiden. Von dem Spargel nur das untere Drittel schälen und die Enden abschneiden. Spargel waschen, abtropfen lassen und ebenfalls in dünne Scheiben schneiden. Sellerie- und Spargelscheiben in kochendem Salzwasser etwa 2 Minuten blanchieren. Anschließend in ein Sieb geben, mit kaltem Wasser übergießen und abtropfen lassen. Tomaten waschen, trockentupfen und evtl. die Stängelansätze herausschneiden. Die Salatzutaten in eine Schüssel geben und mischen.

4 Pinienkerne in einer beschichteten Pfanne unter mehrmaligem Wenden hellbraun rösten und auf einem Teller erkalten lassen.

5 Für die Creme Gorgonzola-Käse durch ein feines Sieb streichen, mit Crème fraîche und Mayonnaise verrühren. Mit Salz und Pfeffer würzen. Die Creme unter die Salatzutaten heben und den Salat abschmecken.

6 Basilikum abspülen und trockentupfen. Die Blättchen von den Stängeln zupfen.

7 Den Salat mit Pinienkernen und Basilikumblättchen bestreut servieren.

■ Tipp:
Statt Gorgonzola-Käse können Sie auch Roquefort-Käse verwenden.

Kapitelregister

Alphabetisches Register

Alphabetisches Register

Hinweis   Wenn Sie Anregungen, Vorschläge oder Fragen haben,
rufen Sie unter folgenden Nummern an: 05 21/1 55 25 80
oder 0521/52 06 58 oder schreiben Sie an:
Dr. Oetker Verlag KG, Redaktion Sonderprojekte,
Am Bach 11, 33602 Bielefeld oder besuchen Sie uns im
Internet unter www.oetker.de

Copyright   © 2008 by Dr. Oetker Verlag KG, Bielefeld
2. Auflage
Taschenbucherstausgabe 05/2008

Genehmigte Lizenzausgabe für den Wilhelm Heyne Verlag,
München, in der Verlagsgruppe Random House GmbH.
www.heyne.de
Printed in Germany 2008

Redaktion   Jasmin Gromzik, Miriam Krampitz

Titelfoto   Thomas Diercks, Hamburg

Innenfotos   Fotostudio Diercks, Hamburg (S. 9–13, 17, 21–27, 31, 37, 39, 41,
45, 51, 55–61, 65, 67, 71, 75, 79, 83, 87, 95–121, 125, 129–143,
147, 151, 155)
Ulli Hartmann, Halle/Westf. (S. 29, 33, 43, 53, 63, 69, 77, 91,
127, 145)
Bernd Lippert (S. 123)
Hans-Joachim Schmidt, Hamburg (S. 15, 73)
Norbert Toelle, Bielefeld (S. 85)
Brigitte Wegner, Bielefeld (S. 35, 47, 49, 81, 93, 149, 153)

Grafisches Konzept   Björn Carstensen, Hamburg
Umschlaggestaltung   kontur:design GmbH, Bielefeld
Gestaltung   M·D·H Haselhorst, Bielefeld

Druck und Bindung   Offizin Andersen Nexö, Leipzig

Umwelthinweis   Dieses Buch wurde auf chlor-und säurefreiem Papier gedruckt.

ISBN: 978-3-453-85557-1